# Tâi-Uân-Lâng, Tâi-Uân-Sū

# 台灣人・台灣事

## 《民報》人物選集(一)

### 政治、經濟、社會與體育

主編
沈聰榮
蘇振明

# 序一　「即將推出　敬請期待」

沈聰榮
前《民報》總編輯
現任中央廣播電臺副總臺長

創辦人陳永興董事長叮囑，說我忝為《民報》篳路藍縷時期志工，也應該藉著這部「民報人物選集」編纂之際，好好重頭回顧一下，聊聊《民報》那時的人與事，特別是專欄人物的這一塊……。

面對這篇指定題，其實我很是掙扎抗拒的，是不？都好不容易退伍了，怎麼又來個軍旅憶往呢？但終究輪不到我拒絕的。抗拒也得寫啊，索性就讓自己進入時光機裡，試著回想一、二吧。

穿過時光隧道，回到二〇一三年十二月二十六日，《民報》就是從這一天開始「試運轉」的。那時網站一開通，很快地就引發社會矚目，除了人權醫師陳永興、前中研院院長李遠哲以及名導吳念真……等三位望重台灣的人士聯名創辦之外，「試運轉」第一波就是推出名人專欄強打，也是受矚目原因。我記得當時除了三位創辦人「下海」撰稿之外，還包括：南方朔、彭明敏、陳芳明、李筱峰、廖運範、賴其萬、林衡哲、李敏勇、向陽……大師級人物，這可是在台灣無出其右的專欄鑽石筆陣。

其中，最值一提，也最戲劇性的，是吳念真導演的專欄。

吳導不僅是國民作家，還是大家的歐吉桑，人氣實在太高了，所以陳永興醫師憑藉著跟吳導的多年友誼，「《民報》成立之後，就要幫忙開個專欄了喔。」老友如此殷切，吳導當時應該是隨口說了聲：好……。總之，吳念真在新開張的《民報》要寫專欄，就是這樣定局了。

各位大師的稿子陸陸續續都在十二月二十六日試運轉前交稿，可是吳導的第一篇大作卻望之闕如……。站在編輯部的立場，不可能開張第一天不打吳念真這張牌啊，可問題是文章不來又要怎麼刊登呢？當時我也不曉得哪來的靈光一閃，心想現在催他既來不及也實在不忍，更何況開店起手式主要是想讓讀者知道吳念真有開專欄，所以，那乾脆還是決定上架吳念真專欄，照片、簡歷這些可以事先備妥的早就一應俱全，差別的是，這期吳念真的專欄只列了八個字：即將推出，敬請期待。

令人震驚的是，居然只是告示性的八字專欄，短短幾小時竟引來數千個按讚，幾百次的分享，榮登《民報》試運轉開張第一天的流量冠軍，真是可見吳導人氣之旺。

其實這一篇史上最短專欄一上架，吳導馬上就看到。雖然到了第二天，《民報》還是沒等到稿子，卻很意外地在吳導的臉書上看到他寫及《民報》了。那真可稱得上是一篇充滿了對《民報》的「愧疚」，以及恨不得自己有三頭六臂可以應付各方邀約的「懺悔文」。

原來，吳導一直都惦掛著幫《民報》寫專欄這件事，卻又擠不出完整的時間好好琢磨行文，明明知道試運轉日，心想只能先讓自己的專欄略過了。誰料到編輯部這麼狠，居然真的把空的專欄上了上去！

我記得吳導感性地說，看了這篇八字專欄讓他感觸很深，這個時代辦報不容易，畢竟就算他寫了專欄也不知道對《民報》的幫忙有多大，但如果說他的社群比較多人關注，那麼，還請看到這篇臉書文的朋友，也能到民報的臉書和網頁去看一看⋯⋯。真的，吳導發文一天，《民報》臉書粉絲數從兩千暴增到一萬，網站流量也倍數成長。

吳導的專欄，終究沒有來，但也就只有專欄沒有來。而至少我往後在《民報》服務的四年裡，則是無時無刻感受得到他卯起勁來幫忙的力道。

另外，或許也是值得一提的往事，是《民報》創辦初期以政治新聞、名家專欄和報導社運作為主要內容結構，畢竟擁有資深記者、大師寫手撐著，運作得還算上手，但涉及更核心的歷史感、本土文化⋯⋯等，要怎麼通過具有更親近感的報導方式讓讀者吸收，這又是一個很大的課題了。

最後解決這個困境的人是陳永興醫師。他提出了發行紙本《民報》雙月刊的建議，以縣市為範圍，逐一發掘這個區域裡頭的豐富人文和歷史樣貌。但《民報》經費有限，編制人數不多，沒有能力增援人手，若要實踐地方采風和建構歷史意識的原始設定，那就必得和在地更緊密合作一途。確實，《民報》雙月刊創刊之後，不僅僅實現了上述目標，也帶動了《民報》網路版得以擴大報導範圍，強化了對於本土文化新聞的報導深度。

這次《台灣人．台灣事——《民報》人物選集》裡，有很多是《民報》網路新聞版和雙月刊紙本文章彼此互通互用的，雖說選集受限於篇幅，只能選了其中百來位人物，但實際上值得再次推薦給讀者的，絕對數倍於此。我個人真心認為，這樣的台灣人物寫作的累積，透過相對親近性的媒體報導方式呈現，不僅可以更有系統地為台灣傳史立傳，也必定在網路搜尋愈發重要的環境裡，為我們的歷代先祖保留了更多可以讓後代子孫搜尋到的機會。這可是具有現代版的香火傳承的意義啊。

曾經，我們用「即將推出，敬請期待。」留住大家對《民報》的想望和期待，如今，回看著這一篇又一篇台灣人的故事，我想，美好的篇章已經被寫在《民報》了，我們能期待甚麼未來，或許就是台灣能有一批又一批更具歷史感和台灣意識的新生代。

# 序二　讓這時代的發光者，成為下時代的引路人

蘇振明
前《民報文化雜誌》總編輯
臺北市立大學退休教授

## 二〇一四從大學退休到接任《民報文化雜誌》總編

存在主義哲學，是我十八歲在學校課堂偷看的課外讀物，這套哲學教我三件事：你是誰？從哪裡來？往何處去？此後四十餘年教師生涯，我經常自問：我是什麼樣的老師？我如何幫助學生找到自我？他們又如何參與台灣社會？

二〇一四年三月，台灣社會發生學生為抗議強行通過的《海峽兩岸服務貿易協議》占領立法院的太陽花學運（又稱三一八學運）。學運期間，課後我多次從臺北市立大學走到立法院後的濟南路，跟這些大學生聊聊並為他們打氣。

當大專青年集結並包圍立法院，台灣的媒體，也產生了有趣的分野現象。綠色媒體會大

量報導青年學生不滿的心聲，學生團體甚至自行編印發送小報訊息；相對的，藍色媒體在此階段選擇保守相應。從報紙、電視到網路，反映出二〇〇〇年後的台灣，社會改革也需要更貼近土地與人民的媒體。

同年，於太陽花學運後，《民報文化雜誌》創立，延續早期林獻堂、蔣渭水等人創辦《臺灣民報》的精神，以「台灣知識分子良心」追求「民報達民情」宗旨。八月，我從任教四十年的大學美術系退休，接受陳永興醫師的邀請，擔任了《民報文化雜誌》的總編輯，秉持存在主義觀點，決定讓每期雜誌成為台灣各縣市的發展實況見證。

## 《民報》誕生，象徵台灣主體性觀點崛起

《民報》分為「網路民報」與「雜誌民報」，我負責執編的《民報文化雜誌》，除了結合時事主題、藝文走廊與名家專欄外，特別開出台灣各縣市巡禮列車，陸續報導各縣市人文的發展實況。透過歷史、人文藝術與地理風土的報導，希望創造出有別於一般旅遊雜誌，成為下一代認識當代台灣的出版文獻。

以二〇一四年七月《民報》創刊號為例，從《臺灣民報》創辦人蔣渭水的故鄉宜蘭出發，特別規劃【宜蘭人物特寫】，邀請陳永興、林衡哲、林光義……等人，撰寫台灣義俠蔣渭水、宜蘭民主奠基者郭雨新、鄉土文學大師黃春明、廉能典範的陳定南、立志興學築夢成真的林

忠勝、台灣史懷哲陳五福醫師、蘭陽舞蹈團創辦人秘克琳神父、蘭陽大醫師范鳳龍，以及林義雄反核禁食支援後記等數篇，意在透過人物特寫，留下典範人物的形影事蹟。

再以二〇一四年九月第二期高雄專輯為例，其概要內容就包含：港灣與台灣國際貿易、高雄都會經濟與環境公安、高雄人高雄情、港灣與打狗風情、台灣藝文走廊、台灣民眾開講各大主題。同時依照當時重要時事，報導阿扁總統的身心靈歸路、香港人的民主運動與台灣人的關懷兩大專題。

## 探訪藝文人士，申揚台灣本土精神

如果太陽花學運後的《民報》，能成為下一世紀台灣藝文發展的指引，那《民報》必須要對當代台灣各縣市藝文的發展，進行代表性的引介與報導。基於上述理念，《民報文化雜誌》須從宜蘭、高雄、台南等各縣市，進行地方專輯式的編輯。

在每期編輯實務的推展上，我先跟發行人陳永興確認每期的主題縣市，接著永興兄開出該縣市的必訪名單，其餘雜誌內容均由我分別邀稿並執編。透過每期《民報文化雜誌》，作為當代台灣各縣市的概況報導。

歷經三年，《民報文化雜誌》共發行十八期，今日將其中的藝文報導，以美術篇、文學篇、音樂舞蹈篇集結成冊。在《民報》創刊初階段擔任總編的我，茲以美術人物篇為例，引介如下：

**【美術人物篇】**：

- 出身台北艋舺的台灣雕塑家第一人黃土水
- 台北的兩個楊三郎——畫家楊三郎與音樂家楊三郎
- 新竹傑出畫家與美育推手李澤藩
- 苗栗的本土漫畫開創者劉興欽與柏油畫家邱錫勳
- 台中的色彩大師廖繼春與膠彩畫之父林之助
- 「嘉義畫都」的藝文推手張李德和
- 南台灣美術舵手郭柏川與府城神轎匠師王永川
- 大木匠師陳天平與彩繪匠師陳穎派
- 走遍世界心懷台灣的陳錦芳與台灣美術史開創者蘇振明

除了美術人物篇以外，本專輯也彙編《民報文化雜誌》中各縣市文學、音樂舞蹈人物，例如：當代台灣文學的奠基者吳濁流、台灣第一位女詩人陳秀喜、文學與社會評論者李喬、達悟文學勇士夏曼・藍波安……，從傳統中創新的李泰祥、民謠之父胡德夫、鳳飛飛的台灣歌謠鄉土情、台灣現代舞之母蔡瑞月、詮釋世代的吶喊的林懷民……等，台灣藝文人士百家爭鳴、各有擅長。《民報文化雜誌》期許能作為引路人，試圖在各期縣市專題中，探訪該縣市的藝文人士，並將其生命與創作故事分享給大眾，希望讓觀眾走訪各地時，不僅是尋覓美食與打卡景點，也能探訪當地藝文之美。

## 期許人民的心聲，也成為時代的見證

《民報文化雜誌》的特點在於「民」字，此字代表土地與人民的心聲。據此觀點，這本十八期的民報彙編，將有別於政府與商業出版，可視為當代台灣政經、藝文人物的巡禮。

於本人物選集出版前夕，再次回溯自青年時期影響我的存在主義觀點：「你是誰？從哪裡來？往何處去？」，探討的可以是個人的主體性，也可以是身為台灣人的族群主體意識。期許透過這本台灣人物的彙編專輯，得以申揚台灣本土精神，讓這時代的發光者，成為下時代的引路人。

# 作者簡介（依姓氏筆畫排列）

**王伯仁** 資深媒體人，前民報總主筆

**王志偉** 資深媒體工作者、前民報東部特派員

**向　陽** 知名詩人，前《自立晚報》主編

**朱蒲青** 資深媒體工作者、前民報記者、主編

**吳政道** 長老教會牧師、新樓醫院院牧

**李南雄** 旅美作家、李萬居先生公子

**李筱峰** 知名作家，國立臺北教育大學名譽教授

**林以安** 資深財經記者

**林光義** 陳定南文教基金會董事長

**林冠妙** 資深媒體工作者，前民報記者

**林衡哲** 台灣文藝復興提倡者，醫師、作家

**邱斐顯** 知名作家，人權工作者

**姜　魯**　資深體育記者、專欄作家
**張德南**　新竹中學退休歷史教師
**許天賢**　美麗島事件受難者，前新樓醫院院牧
**陳文蔚**　資深媒體工作者，財經專欄作家
**陳永興**　民報創辦人，台灣人權、文化、醫療工作者
**陳孟絹**　前民報資深記者
**陳俊廷**　資深媒體工作者，前民報南部特派員
**陳政宏**　腎臟科名醫，台杏文教基金會董事長
**陳偉克**　資深媒體人，前民報總編輯
**陳儀深**　歷史學者、國史館館長
**彭瑞金**　文學評論家、前靜宜大學台灣文學系專任教授、系所主任
**程正德**　藝術工作者，攝影、美術愛好者
**黃木壽**　玉山北峰氣象站修造人，凱達格蘭學校校務發展委員
**黃國洲**　棒球專欄作家
**劉亞伯**　資深媒體工作者，現任職於公視
**劉明堂**　資深媒體工作者，前民報主編
**劉重義**　台獨運動者，台灣民族主義提倡者

**鄧鴻源** 大學教授

**鄭光哲** 立法院資深助理，前民報董事長特助

**盧俊義** 長老教會退休牧師，知名作家，聖經導讀者

**戴寶村** 歷史學家，前國立政治大學台灣史研究所教授

# 目次

## 輯二　經濟篇

## 輯二　社會與體育篇

# 輯一

## 政治篇

# 台灣民主先生李登輝

陳永興

李登輝，一九二三年一月十五日生於日治時期台北淡水郡三芝莊下的埔頭聚落「源興居」（今新北市三芝區埔坪里），農業經濟學專家。曾任農村復興委員會薦任官員、台北市長、台灣省政府主席、副總統等職，並於一九八八年至二〇〇〇年擔任中華民國總統及中國國民黨主席。李登輝是中華民國第一位台灣出身的國家元首、首位由公民直選產生的總統，以及首位卸任時完成和平政黨輪替的總統，被視為落實台灣全面民主化的重要領袖，而被《時代》雜誌稱為「民主先生」。

李登輝生長在一個小康之家，有機會接受完整的教育。因為其父李金龍任職警察，職務調動頻繁，因此李登輝也跟隨父親不斷地搬家和轉學。從六歲到十二歲之間，先後在汐止公學校、南港公學校、三芝公學校、以及淡水公學校等四校就讀過。李登輝於淡水公學校畢業以後，先在私立台北國民中學（今台北市立大同高中）就讀一年，後於一九三八年轉學至淡水中學二年級就讀。李登輝在淡水中學，幾乎各科成績都是排名第一。在一九四一年考上台北高等學校。

## 閱讀魯迅與西方哲學

高中時代，李登輝就讀過魯迅的《阿Q正傳》及《狂人日記》，幫助他了解中國。此外，他還讀遍了西方名著，包括英文、法文與德文書。如哥德《浮士德》、尼采《查拉圖斯特拉如是說》等；另外尚有哲學、歷史、倫理學、生物學、科學幾乎所有領域的書籍。畢業時，就擁有七百多本岩波文庫的書。並自言其人生觀受西田幾多郎《善的研究》、和辻哲郎《風土》、哥德《浮士德》及《少年維特的煩惱》、杜斯妥也夫斯基《白癡》的影響。後讀到湯瑪・卡萊爾的《衣裳哲學》時，對其意心領神會。懷著更深入了解的衝動，走遍全台北市的書店及圖書館，偶然在台灣總督府圖書館裡發現新渡戶稻造的《講義錄》，讀後對於生死觀之疑問得到化解，並開始敬佩新渡戶稻造，基於對其攻讀之農業經濟領域，因而決定就讀京都帝國大學農學部農林經濟學科。

一九四三年九月，李登輝畢業於台北高等學校，同年十月，進入日本京都帝國大學農學部就讀農業經濟系，一九四六年春天，因為日本戰敗，李登輝回到台北進入國立臺灣大學農業經濟系繼續讀書，並於一九四九年畢業，一九四七年二二八事件發生時，他是臺大二年級學生。李登輝選擇農經系就讀的理由，據他說，一方面是小時候看到佃農的辛苦，想為他們打抱不平；另一方面是在思想上受到高等學校歷史老師鹽見薫的影響，讀了馬克思主義的歷史觀，為了想把農業與馬克思經濟學相結合，他選擇農業經濟作為人生研究和實踐理想的目標。

## 懷抱社會主義改革理想

李登輝和蔣經國青年時代懷抱著社會改革的理想，都熟讀社會主義理論著作，背景相似。李的學歷高，而且能力強，為人聰明又謹慎，深得蔣經國賞識和歡心，將李安置身邊，多方提攜教導。李登輝擔任國家元首之前的兩年，亦即蔣經國生命的最後兩年，面對反對黨民主進步黨的成立和澎湃之民情，政府開始逐步推動各項政治改革，包括解除戒嚴開放黨禁與報禁。後來李登輝持續推動修法促進思想自由、言論自由、新聞自由和學術自由，也下令釋放在兩蔣時代遭政治軟禁的人，如張學良、孫立人，更解禁海外黑名單，讓海外台灣異議分子得以返台。

一九八九年六月四日，中國大陸發生六四天安門事件，李於當晚發表聲明：「中共所採取毫無人性的做法，必將受到歷史的裁判，為抗議中共以武力鎮壓民主運動，登輝要以最沉痛的心情，代表中華民國政府和人民，呼籲全世界所有愛好自由，重視人權的國家與人士，對中共暴行給予最嚴厲的譴責。」

## 開啟台灣民主時代

一九九〇年二月，台灣爆發二月政爭。七月李登輝召集朝野各黨派，開「國是會議」，徵求各界意見作為憲政改革參考，配合是年「野百合學運」之學生運動的要求，解決第一屆資深中央民意代表包括國民大會代表及立法委員退職問題。一九九一年五月，宣布終止動員戡亂時期，廢止動員戡亂時期臨時條款，並展開第一次修憲，制定憲法增修條文，使各中央民意機關得以換屆改選。修憲後，中華民國的民主改革即快速進入深化階段。日本學者若林正丈認為，「如果以一九九二年『萬年國會』告終為第一階段；那麼，第二階段是一九九四年台灣省、台北市、高雄市長選舉的實現；第三階段則為一九九六年總統選舉的實現。」這階段改革都是在李登輝總統任期完成。

一九九三年，以李登輝為首的派系，取得了國民黨黨內的領導權，史稱「主流派」。而原先占據領導地位的國民黨派系，被稱為「非主流派」。在一九九四年七月召開的國民大會決定自下屆（第九任總統）開始，實施正副總統直接選舉，李登輝也成為台灣第一位直接民選總統。

李登輝在總統任內採取「務實外交」，默認中華人民共和國出席的場合，取代兩蔣時代過去「漢賊不兩立」，並與多個國家建立或恢復邦交，以總統身分成功出訪新加坡、菲律賓、泰國、印尼、約旦、阿拉伯聯合大公國、美國等無邦交國和南非，巴拿馬等許多邦交國，加強與日本關係，推動「南向政策」增進與東南亞鄰邦友誼，促進中華民國外交空間。

## 台灣來的總統

李登輝於一九八八年接任總統後不久即訪問新加坡，被稱呼為「從台灣來的李總統」，他在接受記者訪問時表示對此稱謂「不滿意，但可接受」。中華民國政府也以「台澎金馬關稅領域」名義申請加入「關稅暨貿易協定」，以中華台北之名加入亞太經濟合作會議。

一九九九年，李登輝在卸任總統前一年出版《台灣的主張》一書，之後再發行日文和英文版。該書討論台美關係頗多，對台灣海峽兩岸關係有兩大述說：定義台灣為中華民國在台灣；二、分割中國為七部分（台灣、西藏、新疆、蒙古、華南、華北、東北），各自競爭發展以維持安定。後者即引起軒然大波的「中國七塊論」

李登輝當選第一次以直選產生的總統後曾表示：「台灣是一個主權獨立的國家，他的國號叫做中華民國」或「中華民國是一個主權國家，他的領土範圍在台澎金馬」。他在選擇不競選連任並卸任後與日本學者中嶋嶺雄合著的《亞洲的智略》一書即表示「中華民國在台灣大致上可分為兩個時期，蔣介石、蔣經國統治是第一時期，因為，憲法都是在中國內戰時訂下的。現在，台灣的憲法不但經過大幅度修改，過去的立法院也已全面改選，老立委退職、國民大會虛級化、台灣省已經『凍省』了，總統由人民直選，台灣經歷了這些重大變革，憲法與政府結構也已經重組，這就是第二共和」。

李登輝總統任內，對在野黨民進黨給予多方協助，二〇〇〇年三月十八日，在野黨民主進步黨籍的陳水扁以相對多數（三九．三%）當選中華民國第十任總統。由於陳水扁的當選，李登輝實現了「在任內和平轉移政權」的理想。國民黨成為在野黨，結束在台灣長達五十五年的統治。

## 帶台灣人走出「生為台灣人的悲哀」宿命

李登輝卸任總統後，雖曾說他想到山地或偏遠地區傳教，或關心弱勢族群的權益。但他在政治上和思想上的影響力卻絲毫未減，使得他仍在台灣政壇和國際舞台上扮演重要的角色，繼續為台灣前途發聲和發光。在民進黨執政後，新出現的政黨「台灣團結聯盟」仍以李登輝作為精神領袖，扮演主權對抗中國壓迫的角色，在陳水扁競選連任的選舉中，台灣本土陣營在李登輝的號召下，形成最大的力量，對抗連戰和宋楚瑜所代表的國民黨和親民黨聯手的親中力量，協助陳水扁驚險地取得連任，確保台灣的民主化繼續向前邁進。

李登輝在台灣民主化的過程中，從戒嚴解除、開放黨禁、報禁、取消黑名單、推動國會全面改選和總統直選、停止動員戡亂、修憲推動中華民國在台灣的主權獨立，向上提升了台灣民主化的成果保障了台灣人民言論、思想、集會、結社的自由，他的貢獻受到舉世的民主自由國家肯定。即使中國施壓反對，美國康乃爾大學仍然邀請他前往發表演講，日本國會甚至邀請他發表公開演講，日本民間團體組成「李登輝之友會」，多次邀請他前往訪問，甚至日本出版界出版他多本著作，探討他的人生哲學與治國理念，把李登輝看成是比日本政治家更了解武士道精神的偉大政治家，更頒給他「後藤新平獎」，肯定他對台灣民主化和政治經濟社會文化的巨大貢獻。

李登輝如今已九十三歲高齡，身體精神仍然硬朗精彩地活躍著，他曾說人生最大的目標，就是要讓台灣人走出「生為台灣人悲哀」的宿命，帶領台灣人走向光明的未來。李登輝的一生，就像聖經中的摩西，帶領猶太人出埃及脫離苦海，希望台灣人也能早日建立自由民主公義的國度。

本文摘自《民報》月刊第十三期
（二〇一六年七月一日出版）

# 值得敬佩的台灣人——王添灯

鄧鴻源

日前看二二八英靈王添灯的故事，令人感慨萬千。

一九〇一年六月二十四日出生於台北的王添灯，個性直言敢為。在當新店莊役場庶務主任的時候，因為痛恨日本人剝奪台灣人的自治權力，進而推動「臺灣地方自治聯盟」的計畫，經日本警察屢次警告與逮捕之後，依舊不改其耿直言行。日本在台政府於是把王添灯請到日本去見天皇，日本天皇送給他一把武士刀，並說：「台灣有像你這樣的愛國人士，很有福氣，我們日本人也愛惜像你這樣的人。」王添灯回到台灣對他的妹妹說：「日本人就算再怎麼樣對我不爽，也還是會知道真正的道理是什麼。」王添灯就這樣毫髮無傷地渡過了他人生中的日治時期。

二戰結束，日本戰敗，國府接受麥帥委派來台灣接受日本投降，並負責遣返日本人回家。這位戰前如此反日的王添灯得到了國府的封賞，當上了「三民主義青年團」的台北分團主任，也當選了台灣省參議會的參議員，但是眼看逃難來台灣的國府官員，大都貪汙腐敗，囤積糧食，假公濟私、任用親人、搶人房舍，吃飯或坐車不給錢，調戲良家婦女等，無惡不作，一如他們在中國與北越的行為。

反日親中的王添灯依舊不改他直言性格，在省參議會上常痛罵國民黨的行政長官公署貪汙腐敗，鎮日只會中飽私囊，其中尤以「白糖與鴉片煙事件」最為人所知。國府官員接收日人留下的物資，將十五萬公噸白糖走私到上海去販賣，以中飽私囊，還說鴉片煙被蟲吃掉！王添灯在議會質詢此等貪汙情事，被質詢的國府官員全都啞口無言，只能氣在心裡。

當時的國府官員看到台灣人普遍守法、守秩序、公私分明，還愛乾淨，晚上睡覺門沒關也沒關係，就如同後來的郝、連一樣，認為就是因為被日本「奴化」所致。曾經是超級反日的王添灯，看到國府官員這一套「皇民說」卻很不爽。他在《民報》上發表〈告外省人諸公〉一文，反駁國府怪罪守法的台灣人為「日人奴化」的謬論。他還在報紙上刊登文章，抨擊高雄市警局壓迫農民，結果遭到國府官員的控告，史稱「王添灯筆禍事件」。

國民黨政府接管台灣不到兩年，台灣社會整個天怒人怨，終於引爆「二二八事件」。王添灯家人都勸他要趕快逃命，畢竟王添灯已經得罪不少貪汙官員。天真的王添灯還以為國民黨政府跟日本帝國政府一樣，會善待他這位直言敢諫的仁兄，他還說：「日本天皇都沒對我怎麼樣了，『祖國』的政府敢對我如何？何況我又沒做錯事！」一九四七年三月十一日凌晨，王添灯在家中睡覺的時候被國府軍警強行拖走，只因他也是「二二八處理委員會」的委員。

日本人把反日的他當成寶，國府卻把親中的他當成狗一樣地拖行！王添灯被捕後，飽受國府軍警的酷刑，鮮血從臉上直往下流，依舊繼續破口大罵當時執行酷刑的憲兵第四團團長張慕陶。最後張慕陶命令衛兵把王添灯全身淋上汽油，點火讓他活活燒死，接著再命令士兵把王添灯的屍體丟入淡水河，讓他的家人連屍體都找不到。當時王添灯留有兩個兒子跟四個女兒，都還沒成年，也通通成了孤兒。

諸如此類的悲慘故事，當時全台灣各地都在上演，直到白崇禧來台視察，大屠殺才告一段落。日後國府在各級學校的歷史教科書上卻從未提一字，只是不斷講中國又臭又長的歷史，還有瞎掰國府保衛台灣與建設台灣的神話故事！這不是在奴化台灣人，到底什麼才是！

王添灯當年是日本公務員，待遇應該不錯，卻不像目前許多腐敗公務員那麼孬種。後者為了當順民，只顧自己的利益，哪管別人死活？王添灯卻是為當時台灣人爭取自治權利而見義勇為，不顧自己安危，日本天皇還能深明大義，送給他一把武士刀表示敬佩，然而蔣介石呢？

本文摘自《民報》網站

（二〇一七年十一月十二日出版）

# 台獨啟蒙者——廖文毅

陳孟絹

先人曾經叱吒風雲，後輩卻對那段過往一無所知，不是時代的悲哀嗎？二〇一一年《自由時報》曾報導，廖文毅的美國籍孫女廖美文偶然在一份二二八事件相關史料看到「廖文毅」的名字，追查才發現阿公是台灣獨立運動重要的角色。

## 出生西螺望族　基督徒家庭

西螺廖家從廖文毅的父親廖承丕開始發跡，他擅長理財並買賣土地，遂成為台南州的大地主，任西螺庄長、區長（後改制為區）等職務十餘年。他的母親程笑與阿公程立是西螺早期的基督徒。廖承丕與同為基督徒的陳明鏡結婚，她畢業於台南長老教女學校，接受現代知識、吸收西方文明、重視教育，兩代之間出了六位博士，是西螺望族。

廖文毅（溫義，一九一〇年生）誕生於基督徒家庭，是家中的第三位男孩，求學歷程有台灣淡水中學、日本同志社中學、中國金陵大學理工科、美國密西根大學碩士及俄亥俄州立大學化學工程博士，具有日本、中國、美國經驗，過程與二哥廖文奎（溫魁，一九〇五年生，美國芝加哥大學哲學博士）雷同，兩人常探索知識、交換思想，影響後來台灣意識的形成。

## 懷抱理想參選卻遭排擠

戰後初期，廖文毅和多數台灣人一樣，殷切把這股熱情投入參政。他參加過兩次中央級民意代表的選舉，一次是一九四六年八月國民參政員選舉，他提出「聯省自治」的主張，經由省參議員投票中有一票的「廖」字墨水未乾弄髒，被視為無效票，與其他同票者經抽籤決定，落選。另一次是同年十月的制憲國大代表選舉，亦由省參議員投票，廖文毅再度落選。

廖文毅的聯省自治論，強調中國各省高度自治，組成民主共和的聯邦體制，被國民黨視為「造反的行為」，對他有疑慮而排擠。

## 期望到絕望　激發台灣民族主義

延續殖民體制的國民政府，讓台灣人滿是憧憬的盼望迅速轉變成失望。廖文奎對台灣前途走向提出三種可能，其中一條路是獨立建國。他在一九四七年二月二十一日撰文指出中國官員統治台灣是帝國主義的行為，將激發台灣民族主義，清楚暗示台灣人自我意識的形塑。廖文奎的政治見解影響廖文毅，如果說哥哥是台獨運動的理論家，弟弟就是理論的傳播者。

二二八事件爆發前幾日，兄弟與家族成員到上海，三月一日才從《大公報》得知台灣發生二二八事件，隨即聯合台灣同鄉團體，呼籲正視台灣問題、撤換陳儀、自治等言論。荒謬的是，四月十八日陳儀發布的「二二八事件首謀叛亂犯在逃主犯名冊」，竟將事發之時不在台灣的廖氏兄弟列入，羅織「幕後策動，指示野心家實行事變策略」的罪名，視他們為叛亂通緝犯。對國府絕望的兩人，先後赴香港，提出台灣獨立的主張。

## 台獨組織的蓬勃

一九四八年九月，廖文毅與姪子廖史豪在香港印製給聯合國的請願書，表達台灣獨立願望的英文備忘錄，寄給聯合國會員國，是二二八事件後台灣人首次向世界宣示獨立主張的開始。一九四九年十二月，廖文毅轉往日本發展。隔年成立「台灣民主獨立黨」。

世界聯邦舉行的亞細亞會議，一九五二年與一九五四年的十一月，分別在廣島與東京召開，廖文毅皆率團參加，提出「讓台灣人民投票決定前途」的訴求。一九五五年四月在印尼萬隆進行的亞非會議，廖文毅透過印尼首相，表達蔣政權非法占領台灣實行獨裁統治，只有台灣獨立，亞洲才有和平的論點。

一九五六年二月二十八日，二二八事件九週年之際，「台灣共和國臨時政府」成立，選出廖文毅任大統領、吳振南為副大統領，繼續向國際社會宣傳台獨主張。一九五七年八月，廖文毅以大統領身分受邀參加馬來亞聯邦獨立慶典，與各國元首並列，此熱門新聞促使更多台灣人加入臨時政府。海外台獨運動消息，被有心人傳回台灣，刺激島內台獨意識的萌芽，而後衍生一九五八年海軍台獨案、一九六一年蘇東啟台獨案、一九七〇年泰源監獄台獨起義事件等。

## 大統領的歸台

然而一九六〇年之後，組織內部問題浮現，國民黨趁機分化。此外國民黨逮捕廖家族親與台獨同志，判重刑威迫。允諾廖文毅回台的條件是：一、無條件釋放所有與台獨有關的政治犯；二、歸還被沒收的財產；三、政府給予相當的地位，如省府重要職務。

加上時任日本首相的岸信介、美國參院外交委員會主席的傅爾布萊特，都勸廖文毅回台，等待情勢有變適時發揮作用，做台灣共和國的催生者。廖文毅幾經考量終於在一九六五年五月十四日返台，受到國民黨刻意塑造的樣板式歡迎。只不過，承諾之事只歸還財產和安排不重要的曾文水庫副主委職位，其餘並未履行。廖文毅形同長期遭特務監控與軟禁而終。

廖文毅的歸台使台獨運動受挫，但年輕留學生反而接棒傳播台獨思想，他曾發揮的播種與前鋒作用，走過必留痕跡。

本文摘自《民報文化雜誌》第九期
（二〇一五年十一月一日出版）

# 林榮勳——三F，費城五傑之一

劉重義

歷史上，真多革命運動的領導人物，攏因為遭受獨裁政權的直接迫害，而增強他們走向革命的決心。林榮勳就是一個典型的範例。

林榮勳是台北人，出生在醫生家庭，台北高等學校畢業後，進入臺大政治系。一九四九年「四六事件」發生之時，他正擔任台大學生自治會的會長。當時，蔣政權的祕密警察盤據全島，施用嚴厲的手段壓制台灣人。當年三月，臺大和師大的學生與警察發生衝突。當「省主席」陳誠自南京回到台北之後，便下令逮捕這些學生。四月六日，所有臺大和師大的學生宿舍都被武裝士兵包圍，許多學生被捕，臺大學生有二十五人被抓。身為學生領袖的林榮勳為了保護同學的安全，乃寫請願書抗議。結果，蔣政權的特務立刻將他逮捕。幸經臺大校長傅斯年的營救始告脫險。

一九五二年，林榮勳到費城賓州大學政治系深造，開始鼓吹台灣獨立思想。他是一個堅決的台灣民族主義者，拒絕承認自己是中國人。當他在美停留的簽證到期之後，便以無國籍台灣人的身分向移民局申請簽證延期，弄得移民局無所適從。在當時，亞洲人申請居留極端困難的情況下，他的行為必須抱著非常的勇氣和決心。

事實上，直到一九六四年甘迺迪移民法案通過之前，所有的台灣留學生都面臨同樣的困境，他們一旦暴露了獨立建國的心向，都會置身於被迫害的危險之中。但是，這些呼吸了自由空氣的熱血青年，有如脫韁之駒，為了鼓吹一個偉大的運動，將生死前途置之度外不予考慮。

根據另一個費城五傑之一的陳以德的自述，他一九五四年抵費城後，林榮勳的台獨思想對他造成震撼，給了他很深刻的影響。

林榮勳於一九六〇年取得賓州大學博士學位後，即往紐約州立大學紐保茲（New Paltz）校區任教。此後，經常在台灣人的集會中發表演講，對台灣人民族意識之發揚有極深遠的影響。

林榮勳不幸於一九七九年十一月初六因結腸癌病逝，去世前為該校政治系主任。他最後一場的公開演講是在一九七八年八月由華府台灣同鄉會所主辦的世台會上。他以「台灣人與台灣的將來」發表主題演講，分析美中關係正常化之後，台灣情勢演變的可能性。在演講當中，他也義正詞嚴地攻擊投機主義和失敗主義，呼籲台灣人堅守革命立場為台灣的前途奮鬥。

註：三F（Free Formosan's Formosa）

本文摘自《民報》網站

（二〇一五年十一月三十日出版）

# 楊東傑——三F，費城五傑之二

劉重義

開創三F（Free Formosan's Formosa）的五位青年中間，楊東傑年紀最大，擁有一台車，可以載大家走東走西，自然變成大家活動重要的依靠。

楊東傑一九二三年出世在鹽水街仔。老爸是全科醫生，參與文化協會的活動，後來搬來府城，成為出名的眼科醫生。一九四〇年楊東傑自當時的台南二中畢業，考入東京慈惠醫科大學。因為戰爭走空襲的關係，一直到戰後一九四六年二月才畢業。

他在一九四七年一月初回到台灣，渡過二二八民族屠殺的血腥風雨，看見台灣民族英雄湯德章律師被曝屍在台南大正公園內，自己的老爸也無故被捕，關了將近五十天才釋回。續落去，就是白色恐怖的場景，在臺大病院服務認識的許多醫生被捕、被關、被槍殺。這些外來中國黨族群的野蠻行徑，互楊東傑的台獨思想更加強烈。

楊東傑一九五三年選擇去美國進修放射線科。第一年到紐澤西州 Hoboken 的 St. Mary 病院修業，在那裡透過了在紐約的姊夫認識了林榮勳。隔年，楊東傑到費城賓州大學醫學研究院修課，第三年在費城 Abington Memorial Hospital 做住院醫師。在這裡風雲際會，他又認識了陳以德、林錫湖和盧主義。

這群好友經常聚會討論台灣問題，一方面台獨論述漸漸穩固成熟，另一方面也互相激發行動意志，結果在一九五六年正月促成了三F的誕生。楊東傑參加了當時被認為會被刣頭的組織，卻無驚危險於六月離開費城，七月搭船返台，途中在橫濱上岸時，還祕密會見了「台灣共和國臨時政府」大統領廖文毅及副大統領吳振南等人，帶給他們三F的通訊並說明三F在美國的工作。

回台後，楊東傑在台南開放射線專科診所。他知道受到特務監視，做事言論攏非常小心，只有在離開台灣時，才和過去的同志聯絡。一九七六年楊東傑夫婦就曾到紐約拜訪已經患了癌症的林榮動，那是兩人最後一次的見面。

一九七二年楊東傑轉任台北馬偕醫院放射線科主任，一九九三年退休，退休前是台東馬偕醫院院長。之後，他又到仁濟醫院工作到二〇〇三年。

在台灣民主運動洶湧澎湃的過程中，楊東傑醫師攏積極支持並參與運動。他曾做建國黨副主席，目前是台灣民族同盟主席團成員之一，絕不承認「偽中華民國」的合法性，繼續堅持台灣獨立建國的向望。

本文摘自《民報》網站
（二〇一五年十二月二日出版）

# 陳以德——三F，費城五傑之三

劉重義

陳以德一九三〇年出世於澎湖馬公，三歲時因老爸到東京讀醫學院，全家移居日本。一九三八年才遷回台灣，被送到專門互日本孩子受教育的台南南門小學校。因為生活環境的關係，日本語一直是他細漢時陣的主要語言。一九四二年父母才鼓勵他進台灣人讀的台南二中，交台灣人朋友，也開始對他講台灣人抗日的歷史。

一九四八年高中畢業，陳以德在老爸堅持的醫科和個人興趣的政治系爭執中，以進臺大法律系妥協。他大學課外時間拉小提琴，並組一個交響樂團，擔任指揮。一九五二年臺大法律系畢業後，屬於第一期被抽調的「預備軍官」。在鳳山受訓期間，碰到蔣介石生日，他還特別組了弦樂團演奏，向蔣介石致敬。

陳以德在服役期間就考取律師執照，卻決定繼續深造。一九五四年，在林榮勳的協助下，他取得賓州大學的入學資格，攻讀國際關係。他辦理留學出關的保證人是老母的表妹「省議員」梁許春菊和「省議會議長」黃朝琴。很堅實的中國黨關係。

初到費城那天，林榮勳接陳以德回住處，隨即對他細數蔣介石在台灣的暴政罪行。一個少年人，突然接觸到真多從未思考或經驗的言論和觀點，頭殼內出現了錯綜複雜的是非曲直。他為了追求實情，和林榮勳展開激烈的辯論到深夜。最後，他以困惑的神情問講：「難道蔣介石對台灣無做過一件好事嗎？」「無！絕對無！」林榮勳斬釘截鐵地回答。當晚，陳以德徹夜難眠。

陳以德的走向革命，後來並長期領導台灣獨立運動，突顯了當代進步的台灣青年的覺醒，更證實台獨思想在當時已經漸漸成長，夠額激發一場偉大的政治運動。

三F成立半年後，楊東傑回台，盧主義轉到明尼蘇達州立大學讀政治，留在費城的同志工作負擔相當沉重。一九五八年三F改組成UFI（台灣獨立建國聯盟），基本上仍停留在祕密社團的階段。到一九六一年的二二八，陳以德才以UFI主席的身分，在紐約召開記者會，正式公開台灣獨立運動的活動。該年八月初三，陳以德發動了北美洲台灣人第一次歷史性的示威。在紐約聯合國大廈前，向來訪的「偽中華民國副總統」陳誠嗆聲，把台灣人的意願公諸於世。參與的人數雖然很少，卻吸引了美國傳播界的重視，獲得了大幅的新聞和電視報導。

陳以德是後來UFI最重要的經營者。在當時艱難的環境下宣傳獨立運動，若無堅強的鬥志，實在難以繼續落去。陳以德把辛苦打工賺來的錢，用來宣傳台灣獨立的思想，個人在時間和金錢上付出相當大的代價。一九六三到一九六四兩年間，在他的手裡出版了三期印刷精美的《美麗島》（*Ilha Formosa*），互國際社會有相當好的質感。

一九六五年五月，廖文毅被迫回台投降以之後，蔣政權動用真多親情和威脅利誘，要陳以德放棄台獨運動並回去台灣，他真堅決攏無動搖。

展現台獨團結力量的「全美台灣獨立聯盟」（UFAI）一九六六年在費城成立。陳以德被選為第一屆主席。正如他在重組後第一期《福爾摩沙通訊》（*FORMOSA gram*）所寫：「台灣獨立運動的龍骨並沒有因廖文毅的變節而折斷，在北美洲的台灣獨立運動也沒有因此消散，相反的，我們克服了短暫的挫折，聯合得比以前更堅強！」

革命的火炬在一九六七年傳給新的一代。陳以德退隱在俄亥俄州鄉間教書到退休，默默關心他曾經付出青春心血的台灣獨立運動，到今日攏無失去希望。

本文摘自《民報》網站

（二〇一五年十二月四日出版）

# 盧主義——三F，費城五傑之四

劉重義

盧主義是費城五傑中最年輕的一位，一九三一年出世於府城，是勞動階級家庭。初中讀台南長榮中學，高中讀台南一中。一九五一年考入臺大醫學院醫科，讀無三月日，就因為「偽中華民國副總統」陳誠要送剛高中畢業的兒子到美國念書，那年可以免當兵就去留學，盧主義便申請到明尼蘇達的 Macalester College 深造。

同時申請來這間學校的，還有一位台中一中畢業的盧建和。有一天，盧建和在圖書館拿了一本外國人寫的台灣古早歷史書互盧主義看，引起了盧主義的興趣，去讀外國人寫的有關台灣的書籍。當他讀到 George Kerr 在一九四七年寫的《二二八的起因與經過》以及《三月大屠殺》（*March Massacre*），情緒非常激動，讀後一連幾冥睏袂好，自然的台灣人感情不斷呼叫他的民族靈魂。

一九五五年大學未畢業，盧主義就得到費城 Temple University 醫學院的入學許可，他在九月搬來費城。經過台南朋友的介紹認識了在當地工作的楊東傑醫師，加入了政治討論群組。盧主義有靈巧的政治敏感和論述能力，所以，雖然不是政治或社會科學背景，卻往往能夠和林榮勳、陳以德辯論時事，楊東傑往往比較支持盧主義的觀點。

大家相處兩、三月日後，盧主義認為每次攏在批評蔣家政權，倒不如成立組織，宣揚台灣獨立理念。到十二月，盧主義整理大家辯論多時所激出的共識，投書《紐約時報》，呼籲美國支持反對蔣家獨裁政權的台灣人，以免台灣日後淪入共產黨手中。這篇文章竟然被刊登出來，大大鼓舞這群台灣青年的士氣。盧主義順勢再度提出成立組織之事，也就得到其他人的同意，在正月初一成立三F。

三F第一期通訊的開創宣言就是盧主義所寫，感動真多台灣留學生。因為投入三F的繁重工作，他決定放棄醫科，過暑假後，就改去明尼蘇達州立大學讀政治，他認為這是台灣獨立後需要的人才，總是，也引起老爸非常受氣。

這年秋天，盧主義以翁彼得（Peter Ong）的假名，代表「台灣共和國臨時政府」，寄一篇陳情書給聯合國祕書長哈馬紹。結果，FBI開始調查三F的組織與活動，盧主義與盧建和受到三、四月日的盤查。盧主義憑著個人深厚的理論基礎，成功說服FBI：三F不是共產黨，也絕不會危害美國社會的安全。此事件互三F成員決定改組成立「台灣獨立建國聯盟」，由盧主義擔任主席。

一九五八年四月《Foreign Affairs》刊登〈中國死巷——台灣人的觀點〉，這是盧主義以李天福（Li Thian-hok）的筆名所發表非常重要的政治論文，引起美國政、學界注意到台灣人的聲音。同年十一月《The New Republic》又刊出筆名李天福的《台灣人知道自己愛什麼》，更加引起蔣政權的不安。一九六〇年六月盧主義取得普林斯頓大學公共事務學碩士學位，年底進入賓州信託公司從事精算職務。

盧主義在一九六一年中，因為ＵＦＩ內部的爭執，靜靜退出台灣人的運動。不過，他一直繼續參加費城同鄉會的活動。直到李登輝意外做「偽中華民國總統」，牽動台灣內部情勢大變化，盧主義再重新運用他個人在外語能力和政治議論上的強點，和美國及日本政、學界建立人脈關係，為台灣民族獨立運動的國際外交工作繼續打拚。他目前（二〇一五年）是台灣民族同盟主席團成員，也是國際部的負責人。

本文摘自《民報》網站

（二〇一五年十二月十一日出版）

# 林錫湖——三F，費城五傑之五

劉重義

林錫湖一九三〇年出世於府城，家族發於台南鹽埕，經濟實力雄厚，出過台南市長、市議會議長、議員、農會理事長等，老爸林全福日治時期做過台南冷藏製冰株式會社社長、台南公共汽車株式會社常務董事，戰後是台南客運董事長等。第六屆中國黨籍的台南市長林錫山是林錫湖大伯的二子。這個家族和統治集團有複雜的利益關係。

林錫湖自台南一中考入臺大，畢業服役後，先到美國南方的新墨西哥大學深造。一九五五年獲得碩士學位後，再轉到賓大攻讀有機化學。雖然是有錢人的孩子，卻甘願吃苦打工賺錢自立，為節省生活費，林錫湖和林榮勳、陳以德以及楊東傑四個人擠一間小房間，每天呷飯輪流煮台灣式的菜。直到準備結婚時，才搬出去自己住。林錫湖的妻子叫 Dolores，是菲律賓的華僑後裔，在新墨西哥大學認識的。

四個台灣少年家作伙生活，真容易激發出對社會的不滿和對蔣家政權的痛恨。楊東傑在日本讀書之時，就受到他表兄吳振南啟發台獨思想，但較無理論基礎可說服其他三個人，尤其林榮勳和陳以德擁有較深入的政治學背景，基本上他們只認為現狀不合理。盧主義來到費城加入討論後，經過不斷辯論，才帶出台灣民族觀念和台灣獨立思想。

三F的主要工作是每兩月日發一次通訊給台灣留學生，文章主要是由盧主義、陳以德和林榮勳三個人提供，陳以德的美籍女友Maxine協助打字，林錫湖夫婦幫忙真多出版雜事，經常無閒到半暝。雖然三F是祕密的運作，總是還是有人會知影他們的存在。他們基於正義感而承擔民族責任，不驚上黑名單，不驚連累家人財產被中國黨凍結或沒收。

一九五八年林錫湖取得有機化學博士，受聘到賓州的私立天主教大學St. Joseph University，他在那裡教書總共十冬。每年開學前在厝裡開迎新會，歡迎台灣來的新留學生，建立同鄉關係以培養少年留學生的台獨思想。盧主義也在一九五九年下旬特別從普林斯頓開車去參加迎新會，就在那裡他遇到九月才自台灣來留學的新生翁進治（Helen），戀愛不到幾月日兩人就結婚。

後來，林錫湖離開教職經營進出口生意，常常回去台灣。目前全家住在美國賓州，經營不鏽鋼桶的生意。因為身體欠安，不便親自回台出席此次的紀念音樂會，將由盧主義代領大會贈送的感謝匾牌。

本文摘自《民報》網站

（二〇一五年十二月十四日出版）

# 台灣近代民主導師李萬居

李南雄、徐暄景

近代在台灣民主發展波瀾壯闊的進程中，雲林縣頗為活躍，往往成挑戰威權體制的主力軍，貢獻昭著。李萬居先生出身於雲林縣海邊最邊緣、落後貧瘠的地區，他代表台灣社會、經濟和文化的底層，然而，他勇於追求自由民主理想，在台灣政治黑暗時期，無畏無懼，揭開戰後台灣民主化運動的序幕。

## 經常聽文化協會演講　深受啟發

李萬居號孟南，一九〇一年出生於雲林縣口湖鄉梧北村。自幼遭逢家庭變故與不幸，父親李籛於一九一〇年過世，後母親遭受日人稅吏逼迫，而致懸梁。李萬居幼年的日子孤苦窮困，但因有語文秉賦，在村中調天宮教授漢文以賺取收入；之後進入海口厝公學校口湖分校就讀，畢業後在布袋鹽場工作，接著經親戚薦介轉至台中烏日糖廠任職。時臺灣文化協會由本土鄉紳蔣渭水等人創始，活動頻繁，李萬居經常前往聽講，深受啟發。因為對於日人統治的抗拒，對於台灣人民的解放與前途懷抱願景，決定離開台灣。首先赴上海文治大學刻苦研讀，一九二六年遠赴法國留學，一九二八年進入巴黎大學文學院攻讀社會學，在法國留學七年，於一九三二年夏天畢業後啟程回中國。

一九三〇年代，李萬居見證日本軍國主義對中國領土的侵占，以及對中國人民的肆虐殘殺與暴行，因緣際會之下，他參加抗擊日本軍事侵略的行動，慨然接受國民政府軍事委員會國際問題研究所主任王芃生的邀請，加入對日抗戰情報工作，擔任港粵區辦事處主任，駐紮香港，負責偵查日軍在中國華南和西太平洋地區的戰略活動（包括日本海軍對美國珍珠港襲擊與一九四四年對中國華南地區攻擊等事件）。他的任務一直到日本攻擊香港以前結束，撤回重慶，八年抗戰勝利後，國民政府頒綬勛章，表揚他對國家的貢獻。

## 參與二二八事件處理委員會　生命面臨威脅

一九四五年，日本對盟軍宣告無條件投降，台灣省行政長官公署成立之後，李萬居擔任新聞專業專門委員，接收《台灣新報》，後將該報更名為《台灣新生報》，《台灣新生報》是行政長官公署的機關報，李萬居擔任發行人兼任社長。一九四七年二二八事變爆發後，省參議員組織「二二八事件處理委員會」，處理委員會提出〈告全國同胞書〉與〈二二八事件處理大綱〉，試圖與陳儀交涉。李萬居是處理委員會的常務委員之一，他參加二二八事件處理委員會，被政府視為「主動及附從者」，一度曾面臨生命威脅，所幸倖免於難。受到二二八事件的波及，同年九月《台灣新生報》改組，李萬居被迫辭職，之後他自行創辦《公論報》。

## 擔任二十二年議員　五龍一鳳最具代表

退出政府單位之後，李萬居活躍於議壇與報界，扮演特殊的身分——「台灣報界、議壇雙棲人物」，終其一生被視為台灣自由民主鬥士。李萬居在一九四六年以最高票當選第一屆省參議會議員，也是該屆議會副議長，後於省臨時議會擔任過第一屆至第三屆的議員，省議會時期，再度當選為第一屆第三屆的省議員。在省議會期間的黨外人士，以「五龍一鳳」最具代表性。李萬居是「五龍一鳳」成員當中，資歷最完整也是任期最長久的一位。並且歷次參選省議員選舉都當選，省議員任期持續未中斷，多得雲林縣選民力挺與熱烈支持，擔任議員長達二十二年之久。

李萬居除了具備省議員身分，他在擔任省議員期間還發行《公論報》，李萬居透過《公論報》宣導議會的質詢議題。在一九五〇和一九六〇年代，威權體制高壓氣圍之下，他利用報紙作為捍衛自由與人權的武器，鼓吹民主和法治的手段，自然得到台灣各界人士的認可和支持，也得到國際輿論的重視。一九五〇年代，台灣黨外人士抗議國民黨選舉舞弊和不公，推動民主化運動，李萬居與外省人士雷震、齊世英等人合作，組織政黨；李萬居、高玉樹和雷震同為發言人，李萬居同時負責該黨組織工作。不料意國民黨當局採取高壓政策，逮捕雷震，隨後又監禁、刑求和毒打雲林縣縣長候選人蘇東啟。李萬居堅守議壇和《公論報》陣地，與國民黨抗爭周旋，《公論報》在一九六一年被迫停刊，台灣民主發展遂進入漫漫長夜。

## 因病辭世　郭雨新尊稱「民主導師」

從一九四五年二次大戰結束，李萬居回台服務，一直到他因病辭世，他在台灣政壇上經歷二十幾年；概括言之，李萬居一生的註腳，可謂富貴不能淫，貧賤不能移，威武不能屈，他為台灣政治家立下很高的期許與標準。李萬居晚年罹患糖尿病，一九六一年入院治療，至一九六三年當選第三屆省議員之際，病情已趨嚴重，一九六六年溘然長逝。其後他的摯友郭雨新深受感動，繼續奮鬥不懈，郭雨新尊稱李萬居為「民主導師」。李萬居逝世的時候，雲林人以一幅輓聯表達對他的追思，內容充分勾勒李萬居的政治價值：再見吧！含著眼淚的自由烈士，我痛哭流盡血汗的民主導師。

本文摘自《民報文化雜誌》第九期
（二〇一五年十一月一日出版）

# 戰後最大宗台獨案「案頭」蘇東啟

陳儀深

當雷震案發生後約半年，雲林縣議員蘇東啟即提案促請特赦雷震，這些跡象可以感受到蘇東啟案與雷震案的某種關連。若要「殺雞儆猴」，蘇東啟顯然是個適當的對象。

蘇東啟（一九二三～一九九二），世居雲林縣北港鎮扶朝里，就讀北港公學校、日本東京關東中學，中日戰爭期間因有抗日之心，乃放棄日本中央大學政治系的學業，回台入日本總督府所舉辦之北京語講習班，為期四個月，「思以日本駐泰大使館為跳板，潛往重慶」。一九四二年果然輾轉由東南亞而抵達重慶，唯由於其台人身分而被中國政府拘禁，幸經雲林鄉先輩李萬居作保開釋而加入中國國民黨。

## 議壇上抨擊惡政　贏得蘇大砲美稱

一九四五年曾至重慶四五路台灣行政長官公署駐渝臨時辦事處教日語，一九四六年返台之初，於長官公署祕書處交際科任職，二二八事件之後辭職返鄉，任北港鎮公所總務課長。

一九五一年蘇東啟首度參選雲林縣議員失利，一九五三年再度參選即於二月八日順利當選第二屆縣議員，此後連任四屆，於議壇上為民喉舌、抨擊惡政，在廣大民間贏得蘇大砲之美稱。

在第二屆縣議員任內，為投票給青年黨籍的省議員參選人李萬居（時為間接選舉），而觸怒國民黨當局，蘇東啟因此被國民黨開除黨籍，並於不久後加入青年黨。一九六一年九月十九日凌晨蘇東啟被捕的時候，身分就是青年黨籍的雲林縣第五屆縣議員。

## 蘇東啟案　與雷震案相關

對於一個牽連五十人（覆判判決書為準的數字）的政治案件，理解的角度自不能侷限於蘇東啟一人身上，雖然他是最重要的一人。本案涉案人絕大多數分布在雲林縣的虎尾、北港、西螺、斗六、古坑、林內、東勢，只有兩位在彰化二林、一位在嘉義市。本案的特色之一是，多位駐紮在莿桐鄉饒平樹仔腳的一〇七四部隊的台籍士兵被判重刑，顯示本案濃濃的「武裝革命」嫌疑色彩。

若欲深入瞭解本案，必須（一）回到一九六〇年前後國民黨政權的威權統治性質，以及蠢蠢欲動的民間反抗力量；（二）相關人士的訪談比對；（三）相關檔案資料的出土。筆者已在二〇〇〇年完成十九位相關人士的訪問紀錄，另再參閱相關的檔案資料，才能比較深入地瞭解蘇東啟政治案的始末，以及它所代表的時代意義。

一九六一年發生的蘇東啟政治案件，有充分證據顯示，乃與《自由中國》半月刊或籌組中國民主黨等事件構成對威權體制的挑戰有關。

一九六〇年七月由北而南的選舉改進座談會，實際上是籌組反對黨的說明會，得到台灣社會熱烈的迴響，誠如高玉樹所言「擊中國民黨的要害」。翻開當時七月二十四日的報紙，可以看到二十三日選改會在嘉義集會的消息，大標題是「新黨九月底可成立，黨名已初步決定」，內文提到會議由許竹模、蘇東啟、許世賢分別主持，而出席的雲嘉知名人士名單中，也有縣議員蔡光武在內。值得注意的是，七月二十三日在嘉義那一場「座談會」，由許世賢作主席、許竹模致開會詞，「約有二十餘人發言，由蘇東啟作結論。」

## 蘇東啟提案　促請特赦雷震

當雷震案發生之後大約半年，作為雲林縣議會議員的蘇東啟，即領銜提案促使議會通過「請總統准依憲法規定對《自由中國半月刊》發行人雷震予以特赦」的請願，從這些跡象也可以感受到蘇東啟案與雷震案的某種關連。

於是，若要對李萬居等人帶頭的組黨運動產生「殺雞儆猴」的作用，蘇東啟顯然是一個適當的對象。蘇東啟在一九六〇年十二月參加第四屆雲林縣長選舉落選，而其發表政見「言論中充滿了台灣意識」，已經吸引了主要來自虎尾的一群激越年輕人的注意，翌（一九六一）

年二月他參加縣議員選舉，當選連任，那一群年輕人終於擁護他出面當他們（從事台獨運動）的領導人。

## 蘇東啟案　最大宗「台獨叛亂」案

不過，一九六一年企圖武裝革命的「三九事件」因條件不足而胎死腹中，卻留下一些跡證被線民密報，當局準備好羅織的理由之後，才在九月一網成擒；經過偵訊篩選而起訴五十個人，構成所謂「蘇東啟等顛覆政府案」，堪稱戒嚴時期最大宗的「台獨叛亂」案件。

要之，蘇東啟之所以成為一九六一年這樁「台獨叛亂」案件的案頭，除了因為他熱心參與組黨運動以及與李萬居的私人關係以外，還可能因為他個人比較激烈的思想言論，以及企圖串連武裝力量的嘗試。

## 蘇治芬問政有乃父之風

一九七五年蔣介石去世，一九七六年九月十八日蘇東啟減刑出獄，隔年即協助妻子蘇洪月嬌當選省議員，蘇洪女士連任四屆省議員、任期長達十七年，其後大女兒蘇治洋、二女兒蘇治芬先後擔任國大代表、立法委員，問政有乃父之風；蘇治芬更從二〇〇五年至二〇一四年擔任兩屆縣長，相對於廖大林、林樹山時代民進黨得票十萬、十二萬餘票，蘇治芬（與今之）李進勇時代已經三次獲票二十萬票以上，奠定了雲林縣綠色執政的基礎。蘇東啟若地下有知，應該甚感欣慰。

本文摘自《民報文化雜誌》第九期
（二〇一五年十一月一日出版）

# 郭雨新——讓宜蘭成為台灣民主聖地的奠基者

林衡哲

郭雨新是台灣民主運動史上，承先啟後的人物。一九〇八年八月二十四日（農曆七月二十二日）清晨，誕生於宜蘭市西後街一〇六號（舊蘭陽戲院後面），而於一九八五年八月二日逝世於美國維琴尼亞州亞歷山大醫院，享年七十七歲，他的靈柩在八月十四日晚上返抵台灣桃園機場時，台灣仍然在國民黨的戒嚴令陰影下，卻有一千多位來自台灣全國各地的鄉親，親自迎接這位民主鬥士的歸來。

郭雨新魂歸美麗島的盛況，可以與日治時代台灣人救世主蔣渭水的大眾葬互相輝映，他們兩位都是現代台灣民主運動史上不朽的歷史人物，而且都是宜蘭人，不但有親戚關係，更是台灣人爭取當家作主的理想的接棒者。

郭雨新，字沖雲，父親郭根生為遜清秀才，精通漢學，頗有濃厚民族主義思想。郭雨新的漢學基礎相當不錯，即是受其父之影響。他的家境本來也頗富裕，但因其父為人耿直豪爽，有俠義之古風，為朋友做保而傾家蕩產，父親因而憂鬱成疾，在他十四歲那年去世，從此他與寡母吳笑相依為命，他對母親的孝順，在親族中是有名的，因此雖然他還有兩個兄弟，但他母親之活到八十九歲，他居功最偉。

## 到中國六年　深刻體會台灣才是祖國

他在蔣渭水的母校中山國小畢業後，任工友三年，十七歲時在八百多名考生中，以第一名考入剛創設的台北州立宜蘭農校（現在的宜蘭大學），他的一百元學費大概是我的祖父林煥（他的林家母舅）借給他的。經過五年苦讀，一九三二年以優異成績成為宜農首屆畢業生，並保送入臺北帝國大學農經系，那時《林本源會社》林松壽社長每月資助他三十五元學費，並住在林氏家裡，畢業時以「農業政策」一篇論文，轟動全校，贏得師友一致敬重，一九六八年他獲得日本大學農學榮譽博士，他對台灣農業的瞭解，使他在省議員任內，有充分的能力為農民仗義執言。

一九三四年大學畢業那年，與美麗賢淑的基督徒石宛然女士結婚，並在林松壽公司當庶務主任，兩年後因熱心盡責，升任經理，一九三七年林松壽在中國遇害，郭雨新數次往來上海香港調查此案，表示他對恩人的關心，他總共在林本源會社服務五年。

郭雨新一生曾兩次離鄉出國，兩次都為了政治原因而出國，第一次因不滿日本人統治，到中國經商六年（一九四〇～一九四六），第二次因不滿中國人的統治，來美國渡過了孤寂的晚年（一九七七～一九八五），每次出國之後，就會引起強烈的懷鄉病，他在三十二歲到中國時，以為中國是他的祖國，經過六年的中國經驗，他才深深地覺悟出台灣才是他真正的祖國，因此聽到日本人投降，他馬上結束經營頗為成功的煤行，束裝返國。

## 開創宜蘭黨外選舉不花錢傳統

返台後他變成成功的戰後第一批企業家，曾先後擔任東和銀行、華新實業、順隆木材、東南棉織四家股份公司的董事長，接著他又擔任台灣區青果輸出同業、製茶工業等公會理事長之要職，但郭雨新對財富似乎不太有興趣，他在一九四八年棄商從政，加入青年黨，一九四九年便一舉當選台灣省參議會參議員，那時他砲轟林務局長，提議建林造林嚴禁砍林，被稱「小鋼砲」，與南部的「郭大砲」（郭國基）齊名。

郭雨新二十二年（一九四九～一九七一）的省議員生涯，是他一生中從政的黃金時代，那時的他，不但是宜蘭人心目中的拿破崙，也是全台黨外的自然領袖，更是台灣民意的領航人，他開創了宜蘭黨外選舉不必花錢的傳統，每次選戰，他的兵將如雲，面對「國民黨牌」可謂戰無不勝，攻無不克，這些選戰不僅對他本人，對所有替他助選的人，都留下了人生中最美好的回憶，他晚年時常對老朋友說：「那美好的仗已經打過了。」這的確是宜蘭黨外史上最光榮的一頁。

## 關心弱勢　奠定民意領航人地位

擔任省議員時代的他，外表雄姿英發，風度翩翩，一表人才，內在的能力、學識、品格也是一流的，他的演講極富魅力，不必看稿而雄辯滔滔，聲音鏗鏘有力，在演講台上他具備了拿破崙式的英雄形象，但下台來，他是平易近人，完全沒有架子的平民形象。郭雨新在宜蘭建立黨外民主開放的領導方式，他注重民主精神的播種，完全沒有讓子女接班的私心。

一九四九年到一九五九年是台灣省議會的黃金時代，因為當時有省議會有「五虎一鳳」存在：郭國基、李萬居、吳三連、李源棧、郭雨新和許世賢，其中以郭雨新對農民、漁民、老兵爭取最多實際權益，而他的質詢雖然犀利，卻永遠保持紳士的風度，而在二十二年任內，他最大的特色，台灣各地一旦有災變，他總是比蔣經國先到一步，而且盡力為災區民眾爭取補助，他的「民意領航人」的地位便是由此奠定的。同時他也留下二部巨著：《藝壇廿年》及《議壇縱橫集》，顯示他的質詢與提案包羅萬象，留下了台灣民主運動史上珍貴的歷史紀錄。

郭雨新一生最大的參選特色是，靠贏得民心不必花錢的選舉（例如八次省議員選舉），他一定最高票當選，凡要用買票才能當選的（例如一九七二年監委選舉及一九七八年總統選舉），都輸給買票專家的中國國民黨。

一九七五年的立委選舉，是這位老兵在台灣的最後一戰，對國民黨而言，它象徵蔣介石時代底結束，以及蔣經國時代的正式登場，他不但要取代國民黨元老派，也要把郭雨新這位黨外元老拉下馬，為此國民黨開始瘋狂大作祟。

對黨外而言，這是五虎將時代的結束，一個新的波瀾壯闊底新生代民主運動的開始，這次選舉郭雨新應該以最高票當選立委，結果因蔣經國下令不准他當選，結果郭雨新廢票八萬張，打破世界選舉史上廢票最高紀錄，而高票落選，那天有兩萬人包圍縣政府，因為他是和平主義的基督徒，才避免了一場大規模底暴動，一九七五年十二月二十三日郭雨新在台灣的政治生涯，在兩萬選民高喊「郭雨新萬歲！」的高潮聲中正式結束。

## 黨外傳薪者　民主傳教士　廣納賢才　貢獻台灣

在六〇年代初期到七〇年代初期十多年間，郭雨新扮演黨外傳薪者的角色，一九七五立委落選後，反而增強了他對黨外影響力，他適時提出「老中青三結合」的口號，他變成了黨外第一個專職的「民主傳教士」，他的「羅馬賓館」變成了黨外的海德公園與民主廣場，而自一九六八年就成為郭雨新祕書的陳菊也成為令人懷念的專職黨外黨工；加上「虎落平陽」官司後林義雄與姚嘉文的加盟黨外，可謂如虎添翼；加上剛從漫長的牢獄中出來的「民主奉獻者」施明德，以及兩位優秀的黨外策士張俊宏、許信良投奔歸來，黨外運動的進展，勢如破竹，在短短三、四年間，把戰後台灣黨外民主運動，帶到了歷史性的高潮，終於引發了一九七九年十二月十日的「高雄人權日事件」。

被國民黨用買票和作票圍殺的圍殺的郭雨新在監委和立委的先後落選，產生了「道不行，乘桴浮於海」的想法，加上特務日夜跟蹤，以前是大企業家的他，現在連小生意，也被全面封殺，後來《台灣政論》出刊後，他發現黃信介、康寧祥已接下他留下來的棒，加上他的七個子女都在國外，他渴望重享天倫之樂，最後蔣經國終於讓步，在老友吳三連、許金德作保下，蔣經國終於允許他出國，當他在一九七七年四月十七日離台時，可謂：「壯士一去不復返，長使英雄淚滿襟」最後，郭雨新沒有回到日夜思念的故鄉，直到他死後，國民黨政權才允許他魂歸故土。

## 沒有永遠的冬天，遲來的春天還是會來的

在美國八年的放逐生涯中，他扮演了類似韓國金大中和菲律賓阿奎諾的角色，他在海外也做出了許多歷史性的貢獻：

（一）創辦海外台灣人第一家出版社——台灣公論社，把島內民主的香火帶到海外來，並出版了數十本黨外禁書，例如《選舉萬歲》、《黨外的聲音》、《新生代的吶喊》等書，在促進島內外思想底溝通上，做出巨大的貢獻。

（二）創立「台灣民主運動海外同盟」，並出版快訊三十三期，內容都是島內最新的消息，郭雨新變成島內與海外同鄉的一座橋梁，而黨外民主運動的蓬勃發展，無形中帶動了海外政治運動，這是他對海外台灣人政治運動的最大貢獻。

（三）他是台灣人四百年第一位出馬競選總統的台灣人，他的目的是啟示海內外所有台灣人：「台灣人不必永久做奴才，也可以立志做總統。」因此他競選總統的最大意義，喚醒所有台灣人有權利選出台灣人做台灣總統，郭雨新要台灣人共同奮鬥取回這神聖的基本權利。

（四）到美國國會參加聽證會，催生《台灣關係法》。

（五）與前菲律賓外交部長（Raul Manglapus）共同成立：「民主國際大同盟」，是當時海外台灣人團體中層次最高，成員包括東歐、拉丁美洲、以及東南亞、東北亞流亡領袖。

（六）全力營救島內政治犯。美麗島事件的島內政治犯，差不多都是郭雨新的子弟兵，尤其是林義雄的滅門血案，他更覺內疚，除了全力營救外，更想親自返台為他們頂罪。

郭雨新這位堂堂正正、頂天立地的台灣人，勇敢地走完他追求自由民主的一生，他在台灣民主運動史上的地位，猶如金恩博士在美國黑人民權運動史上的地位一樣，他們都是犧牲者與舖路者，他們的精神最後終將勝利，他去世後第二年，他組黨的夢想才在台灣實現，誠如他在去世前一週，他說了最後一句遺言：「沒有永遠的冬天，遲來的春天還是會來的。」

本文摘自《民報》網站

（二〇一四年六月二十二日出版）

# 大智若愚的民主老仙覺——黃信介

劉亞伯

黃信介本名黃金龍，一九二八年八月二十日出生於台北大龍峒，父親家裡開碾米廠，他被形容是含著金湯匙出生的富家子，算命師告訴他的父親黃火炎說，這是一尾「金龍」，將來一定做大官，因此取名「黃金龍」。長大後立志從政的黃信介欽佩日本首相岸信介，因此改名「黃信介」。

## 母舅連溫卿　領導民主運動有血統

黃信介母親的哥哥連溫卿，是日本時代工人運動的領導者，黃信介對舅舅非常引以為榮他經常對友人說「我黃信介領導台灣民主運動是有血統的，我的母舅就是連溫卿」。

一九五一年，黃信介畢業於臺灣省之地方行政專科學校（國立中興大學的前身），家境富裕的他，不必為五斗米折腰。看到吳三連競選第一屆台北市長的宣傳小冊子，覺得和他所學的很符合，也滿有趣的，就決定去幫他助選。

一九五四年，黃信介再為國民黨王民寧助選台北市長，但被無黨籍的高玉樹所敗。一九五七年高玉樹尋求連任，黃信介則去幫高玉樹助選。高玉樹形容，黃信介當時年齡二十九歲，為人謹慎有志氣有涵養，「他的父親是我的小同鄉，因此關係黃信介來助選時，即在我身邊戒護」。

## 幫高玉樹助選演講　讓李登輝印象深刻

對於那一段助選經歷，前總統李登輝也有提過，一九五七年黃信介幫高玉樹助選時只有二十九歲，「我在江山樓旁邊市長競選候選人的政見發表會，聽到他鼓吹民主政治對台灣的重要性，我直覺這位先生很厲害！這種戒嚴下藉著市長選舉來強調民主政治，讓我和許多人受到鼓勵，這就是我認識黃信介先生的第一次。」

一九六一年黃信介正式跨入政壇參加第五屆台北市議員選舉，在他的選區（延平、中山、大同）拿下最高票。一九六四年，黃信介順利連任，一九六九年十二月，立法委員增補選，黃信介決定參選。同年，台北市也舉行改制直轄市後第一屆市議員選舉，於是黃信介和康寧祥聯袂競選，分別當選立法委員和市議員。當時，黃信介才四十一歲，是立法院裡最年輕的立法委員。

## 當選立委　推動串聯黨外

一九七二年黃信介助康寧祥當選增額立委，同時也與康寧祥、郭雨新串聯黨外。一九七五年創刊《台灣政論》，黃信介擔任發行人，康寧祥為社長，張俊宏總編輯，結合知識青年和黨外民主運動，成為當時相當具影響力的雜誌，結果出版五期便被國民黨政府停刊。

一九七七年同時舉行五項公職人員選舉，包括台北市議員、台灣省議員、縣市長、縣市議員與鄉鎮市長，黃信介與康寧祥組成「黨外後援會」全台助選，這一年，許信良當選桃園縣長，也發生了「中壢事件」，許多黨外人士都順利當選。

一九七八年增額立委與國代改選，黃信介進一步等組「黨外助選團」，提出共同政見、成立競選總部，幾乎是黨外黨的雛形，但卻因台美斷交，蔣經國宣布停止選舉而中斷。

## 創刊《美麗島》雜誌

已經有如政黨組織一九七九余登發事件爆發後，黃信介創辦《美麗島》雜誌，擔任發行人、許信良擔任社長、張俊宏出任總編輯、施明德為總經理，還有呂秀蓮、黃天福、姚嘉文、林義雄等人，而且在各地設分社、成立服務處，已經儼然有如政黨組織。

可惜《美麗島》雜誌只發行四期，十二月十日爆發「高雄美麗島事件」，雜誌也被勒令停刊。黃信介雖然具有立法委員身分，但是在國民黨在立法院內以絕對優勢的鼓掌通過同意司法單位逮捕黃信介。

施明德曾形容，黃信介是深具無為而治智慧的人，所以美麗島時期才能結合這麼多政治菁英、發揮長才。黃信介處理政治的事務，常有非常智慧的展現，當時要成立助選團，但是卻沒有設「團長」和「祕書長」。施明德透露，那是黃信介決定的。

## 處理政治事務深具智慧

施明德當時去問黃信介，助選團的組織頭銜怎處理？黃信介告訴他不要設「團長」，也不要「祕書長」，因為有個「長」好像很大的位子，大家可能會想來當團長。只要設「總聯絡人」就好，下面再設個「祕書」就可以。因為要幫大家聯絡助選事宜，所以要有個「總聯絡人」和「執行祕書」。

施明德也曾透露，一九七八年黨外在中山堂召開第一次記者會的時候，前一天交代他「唱國歌的時候要改一個字，『吾黨所宗』改成『吾民所宗』」，施明德一聽就覺得這是引爆點，等到當天記者會前，施明德轉告擔任司儀的蕭裕珍，由她在唱國歌時作這個宣布，結果果然造成譁然。

## 擔任黨主席　常自掏腰包解決財務困境

黃信介一九八〇年被以「叛亂罪」判處有期徒刑十四年入獄服刑，一直到一九八七年才假釋出獄，一九八八年，當選民進黨第三屆黨主席，一九八九年連任黨主席，黃信介在黨主席任內，經常自掏腰包為黨解決財務困境。當時，他去輔選經常都是隨身帶著一本支票簿，遇到缺錢的候選人，二話不說馬上開一張支票。

一九九〇年，李登輝計畫召開國是會議，邀請黃信介到總統府討論，事後黃信介一句「總統英明」引起黨內軒然大波，被批判為「失去反對黨主席的格調」，但他在中常會反駁批說「總統推動民主改革，對全民有利，難道我要說『總統你很笨』？」一句話化解了可能產生的僵局。

李登輝一九九〇年宣布特赦「美麗島事件」受刑人，黃信介因「叛亂罪」被取消的終身職立委資格，獲得恢復。一九九一年，黃信介重回立法院發表「請與我告別舊時代」演說，呼籲第一屆立法委員主動退職，並且宣布辭去立委。黃信介曾自豪：「我連幾百萬的退職金都不要，誰有我這種氣魄。」

## 「元帥東征」創造紀錄傳為美談

一九九二年黃信介接受民進黨的徵召，前往民進黨的沙漠地區——花蓮縣——參選區域立委，被外界稱為「元帥東征」，一時之間傳為美談。開票結果黃信介以些微的差距落敗，他直言「一定是有人作票」，結果真的被他抓到國民黨作票證據，讓他再度當選立委，第三度重返立法院。

一九九九年民進黨內許信良與陳水扁都有意代表民進黨角逐二〇〇〇年總統，黃信介再度介入協調，但是最終未能成功，許信良走上退黨之路，這也讓黃信介一直引以為憾。總統選戰開打後，黃信介的身體狀況不佳，但還參加了競選影片拍攝，與其他美麗島世代的戰友共同為扁助選，留下經典的畫面。遺憾他仍然無法親眼看到扁的勝選，一九九九年十一月三十日因為心肌梗塞病逝於臺大醫院。

## 李登輝推崇：台灣精神的代表者

林義雄形容黃信介，「大而化之的個性，正是他對人包容慈悲的表現，在政治環境中，從不為別人的算計而懷怨在心，也從不會對別人採取負面的手段，不斤斤計較的『厚道』個性是他贏得敬重的重要原因。」雖然黃信介小事偶有糊塗，但「遇到大是大非，卻一點也不含糊」。

李登輝也以「黎明前黑暗中的一顆星」來推崇黃信介在戒嚴、威權時代對台灣民主的奮鬥，他形容黃信介有愛心、有智慧，雖然講話很粗，不會加以修飾，「但他很有度量，他的心胸非常寬闊，這種偉大的人，我們稱他為台灣精神的代表者」。

本文摘自《民報文化雜誌》第十期（二〇一六年一月出版）

# 基隆人的順口溜——「林番王坐美國船、食清糜」

程正德

在基隆談起政治，總會令人追憶起老市長「林番王」。尤其黨外的參選人，每當選舉總是打著他的旗號，延續他的香火，「小蝦米對抗大鯨魚」，象徵著「公平正義」對抗「不公不義」。老一輩鄉民口耳相傳的順口溜「番王坐美國船、食清糜」（台語諧音）意思是林番王的選票「多」（音同「坐」音）過李國俊（台語諧音：美國船）、謝清雲（閩南語諧音：食清糜），「林番王vs.李國俊、謝清雲」的選舉故事，代代流傳。

林番王（一八九九年～一九六五年七月十一日）本名林德尊，生於日治時期的基隆，祖先於清朝嘉慶年間遷台到宜蘭淇武蘭堡定居，後又舉家搬到基隆。父親林天賜母親杜滿，育有三子，老大林德尊、老二林德垣、老三林德翰，另有二房、四子不詳。父從商買賣以誠實見稱，頗為人敬重，母賢淑係雙溪舉人後代。番王老市長天資聰穎，從小品學兼優，年長至中國上海就讀，畢業於上海復旦大學。後因父母雙亡，為栽培兄弟，棄學從商，在杭州從事貿易。二弟林德垣畢業於美國聖約翰大學，後當英文老師；三弟林德翰留學英國就讀醫科，後當醫生。

二戰後一九四六年林番王回到台灣，在基隆義二路（四三號、四七號、四九號現今阿羅哈飯店址）開設照相館，取名中南照相館。一九五〇年代，林番王以「民社黨」的名義，投入了基隆的地方政治。當時在基隆不肯加入國民黨，而加入民社黨的民主人士還包括了與鹿港辜家、板橋林家齊名為台灣五大家族之一的基隆顏家，顏欽賢。同時期台北市老市長高玉樹也是民社黨要員。

林番王加入民社黨後，於一九五二年首次當選市議員，在當議員期間從不結黨營私、拉幫結派，除了問政犀利、為民喉舌，始終孤鳥一人。但連任時國民黨竟慫恿了對街小上海酒家的老闆娘詹王双出來攪局，結果讓林番王落選失敗，「大學生選不過媽媽桑」，因此也淪為地方笑談。

此時連市議員都選不上的照相師傅林番王，竟然登記參選。

到了選舉前一天，林番王的三輪車隊回到基隆街仔的「大廟口」，林番王生性耿直、堅毅、風雅有趣、平易近人、與人為善，在市場、工廠、街頭、路邊攤……隨時可以看到他的身影，因為這場選舉，基隆人有這句台語諧音的順口溜「番王坐（濟）美國船」。選舉結果，林番王大贏七千多票。有一說法是，國民黨偷換的票，不夠林番王所贏的票，意思就是林番王所贏的票遠超過七千票，國民黨所換的票，尚不夠換。那些原先不看好，甚至譏笑林番王的人，一夕之間翻盤。

一九六五年七月十一日在市長任內，林番王病逝，並由市議會決議將其墓園設葬於基隆中正公園，是歷屆基隆市長唯一被尊崇、懷念的市長。走筆至此看當今台灣人對公平、正義的追求，對民主的堅持與奮鬥……島嶼的光如絢日東昇，呼應著我內心的祈禱。

我以光為名
堅持不懈
無私奉獻
懇請諸佛菩薩
加持庇護

本文摘自《民報文化雜誌》第十一期
（二〇一六年三月一日出版）

# 政治起伏驚濤駭浪的康寧祥

王伯仁

康寧祥，一九三八年出生在台北艋舺，家中經營一個小餅店。出生的時候還是日治時代，二戰終結也才七歲，日文學沒幾天，就過渡到另外一個政權了。小學念雙園國小，初中念樹林中學，名作家柏楊是他歷史老師，啟發了他對歷史的興趣。樹林初中畢業，沒考上高中，七彎八拐地進了「延平補校」，因同學郭蓋世的關係，認識了其父親即鼎鼎有名的「郭大砲」郭國基省議員。郭國基常常「講古」給他聽，從留學日本參加林獻堂、蔡惠如的「新民會」，講到二二八事件及省議會參政實錄，此段忘年之交，對康寧祥一生有莫大的啟發。此外，他認識了史學和社會運動家王詩琅，就住在他家後巷，他從王詩琅處習得很多的文史知識。

## 三十一歲當選北市議員轟動地方

大學考上中興法商學院，畢業後，進中油當加油工，後升領班，一當就是七年。一九六九年十一月，恰逢台北市升格院轄市後的第一屆市議員選舉，康寧祥出馬競選。沒人、沒錢、沒黨派，憑著一身膽識，居然高票當選了，轟動地方，時年三十一歲。當選市議員後不到一個月，就幫忙黃信介角逐第一次在台灣舉行的「立委補選」，全台共十一個名額。

康寧祥助選，不走傳統罵國民黨那一套，而是用台語講述「台灣歷史」，來啟發「台灣人意識」。巧的是，他得知抗日先賢連溫卿是黃信介母舅，就將兩人做密切連結，稱黃為「志士之後」，也常拿蔣渭水「台灣人愛團結，團結真有力」的話來鼓舞民眾。黃信介的場子被康寧祥用「台灣人意識」炒熱起來了，讓黃信介搶下國民黨留下的唯一「空位」。

康寧祥輔選黃信介當選立委不久，美國大使館就派人送請帖邀訪美國，但申辦護照半年沒下文，後來突然接到行政院副院長蔣經國約見「話家常」，還不經意問起美國邀訪的事，他告知護照辦不出來，小蔣很「驚訝」，三天後護照就由中央黨部派人送達。應邀訪美，不但讓康寧祥「大開眼界」，也帶來莫大衝擊。訪美中途，先到日本東京，看到東京帝大學生在「安田講堂」示威，和警察對峙，煙幕彈、汽油彈齊飛，令他十分「震撼」。不料到了舊金山，又碰上柏克萊大學反戰大示威，比東大更激烈！後來還在芝加哥聽馬丁・路德・金恩牧師的傳人傑克森牧師演講，人山人海，爭的是「Black Power」，令他感慨台灣人的「Formosan Power」何時才能抬頭？

## 三十四歲第二高票當選立委

訪美返台，他開始被列入特務跟監和電話監聽對象，長達十數年，他也「習慣成自然」。一九七一年十月，蔣介石聯合國代表權被中共取代，國內外情勢風雨飄搖。翌年六月蔣經國扶正為行政院長，開放年底「增額立委國代」選舉，安撫民心。他決心投入增額立委選舉，在選戰中開始挑戰國民黨政權的正當性，質疑國民黨欺壓台灣人，有如「乞丐趕廟公」，也揭發「黨庫通國庫」等，台北選情為之沸騰，開票結果，他以第二高票當選，時年三十四歲，是最年輕的台籍政治人物。

進了立法院，發現新舊立委共四百七十一人，康形容為「暮氣沉沉的立法院」，但他仍勉力研究預算，也時向齊世英等老立委請教。由於當時蔣經國「新人新政」，親自出席總預算報告及施政總質詢，他多次向蔣經國「討教」，並敬告他「以力服人，不如以理服人」。他也向蔣講述日治時期台灣先賢抗日及文化鬥爭，事後蔣向他表示第一次聽到，很感動。有一次，他質詢時指蔣答復是「信口而出」，還惹來蔣臉紅脖子粗。據說小蔣曾對兒子孝勇講，「康寧祥是立法院真正用心問政的立委，質詢嚴謹深入且有內容。」

在立法院初試啼聲，三年下來，引發政界注意和側目。一九七四年七月十五日出刊的《時代雜誌》將他列為全球一百五十位未來領袖，為台灣唯一，也常成為國際媒體訪問對象。一九七四年九月，他再度訪美，著重美國對台政策調整研究，見了若干美國和台灣相關政治人物和學者、媒體人。也參加很多台灣同鄉演講，成了台灣同鄉最歡迎的島內政治人物。

## 《時代雜誌》列為全球一百五十位未來領袖之一

返台後，康寧祥覺得媒體被國民黨長期嚴密控制，非常不利民主運動發展，於是在一九七五年創辦《台灣政論》，如暮鼓晨鐘，洛陽紙貴。但只辦了五期，就被警總封殺。期間，他常和雷震、齊世英、郭雨新、高玉樹、吳三連定期聚會，「五大老」和「一青」，常綜談時事局勢。一九七七年，他和黃信介全台奔波助選，「黨外」大勝，撼動了獨占幾十年的國民黨地方政權，非國民黨人士在縣市長和省議員都大幅成長，「黨外」正式成形。

一九八六年十二月立委國代選舉正熱烈進行，康寧祥和王兆釧聯合競選，姚嘉文、呂秀蓮、陳婉真、陳鼓應、黃天福、王拓、周平德、楊青矗、張春男、劉峰松……十數位「黨外」都投入選戰，情勢一片大好，但十六日清晨四點多，他突接神密電話通知台美「即將斷交了」。台美斷交（即中美建交）使黨外路線出現分岐，康寧祥辦《八十年代》、《亞洲人》、《暖流》政論雜誌，前仆後繼。黃信介則結合施明德等辦《美麗島》雜誌，並在各縣市成立分社，舉辦群眾運動。後者迅速擴張壯大，但也招來國民黨殘酷無情的打擊，即「美麗島事件」。許多黨外菁英被株連判重刑入獄，「黨外」奄奄一息，只剩康寧祥領著幾位黨外省議員延續民主香火，徐圖再起。以後就進入「美麗島律師團」世代，蘇貞昌、尤清、陳水扁、謝長廷、張俊雄、江鵬堅、張德銘等都是因為替美麗島事件辯護而投入政界的。

## 「黨外四人行」老康聲望達高峰

一九八二年六月，康寧祥率新科立委張德銘、黃煌雄加上黨外唯一監委尤清，接受「北美台灣人教授協會」邀請，至美國訪問，也參加了「世台會」年會，訪問過程把海內外台灣人關懷故鄉的心情串連起來，也和美國政界有相當程度的溝通，可說非常成功，造成一股旋風。此時是康寧祥從事黨外政治聲望最高峰的一刻。

在此同時，一批「黨外編聯會」的年輕世代，發起了「批康運動」，理由大致為康身為黨外領導者，但在後美麗島時代，表現不夠強硬，妥協性太強……，此「批康」要角為邱義仁、林世煜、吳乃仁、艾琳達、鄧維楨，展開比對國民黨還要激烈批判和戴帽子「康放水」，長達一年多。康寧祥因避免黨外分裂而未刻意解釋澄清，星星之火終於燎原，一九八三年年底的立委改選，康寧祥居然以三萬兩千多票低票落選。張德銘和黃煌雄也同時落選。黨外推薦及報備候選人二十四人，當選率從上屆六〇％降到二五％，等於主張議會路線的「穩健派」大挫敗。落選後的康寧祥，在一九八四年六月赴美沉潛「研習」近一年，在一九八六年九月二十八日籌組民進黨扮演重要的幕後角色。

## 創辦《首都早報》苦撐一年停刊

同年十二月七日立委國代再度選舉，民進黨拿下三成選票，贏得十二席立委，十一席國代，總算恢復了黨外大敗的元氣。康寧祥喊出「最後一戰」，也得到「補償式」的十餘萬高票重返立法院，直到一九九〇年二月一日卸任，其間曾創辦《首都早報》苦撐一年兩個月而停刊。之後曾在一九九〇年野百合運動時的「國是會議」擔任在野黨主要代表，達成第一屆中央民代應全部退職及總統直選重大憲政決策。一九九三年出任監委，二〇〇二年二月受陳水扁總統之邀，出任國防部軍政副部長，二〇〇三年改任國安會祕書長，直至二〇〇四年五月二十日。陳水扁第二任期，他當總統府資政四年，逐漸淡出政壇，目前擔任台灣亞太發展基金會董事長。他的一生從黨外運動到民進黨執政，驚濤駭浪的人生起伏是台灣政治人物最具代表性的寫照。

本文摘自《民報文化雜誌》第十期
（二〇一六年一月一日出版）

# 台灣的核心價值——陳定南的廉能典範

林光義

## 清廉魄力，I'm posssible!

「男兒欲上凌煙閣，第一功名不愛錢」，清廉本是為官者的第一守則。但如果廉而無能，必定貽害蒼生；必也廉能兼備如陳定南者，才有功名可言。

我和陳定南認識是在一九七八年，因為不約而同地照顧生活陷入困境的杜顯揚老師而結下善緣。我比他早兩屆畢業於宜蘭高中，所以並不相識；他不知道我每月送三千元給老師和師母做生活費，我也不知道他在籌募四十萬元作為老師的生活基金。

當時定存利率高達一〇％，四十萬元每月就有三千元的孳息。他籌足基金後，和同學請老師聚餐，席間老師提到我的名字，我才臨時被邀參加。介紹我們認識的楊景旭補充說，他們事實上只募到一半，是陳定南個人慨捐二十萬才予補足。但當晚席散之後，陳定南卻捨不得花三十元的計程車費，而要我載他去搭巴士，輾轉換車回到三星老家，讓我見識到一個人的大格局和捨己為人的風範。

一九六六年，陳定南臺大法律系畢業後，在服預官役擔任軍法官期間，目睹司法的不公與黑暗，遂決心棄法從商；經過廣告公司、台塑企業、亞中鞋業等歷練後，自己開設貿易公司經銷鞋類。曾有一位外籍客戶為了殺價，批評他的鞋子是爛貨並擲之於地，陳定南當場正色說：「We sell merchandise, not dignity.」（我們出售商品，不賣尊嚴）。那老外連忙道歉，表示願意購買，但希望能打個折扣。陳定南卻回答說：「But we discount price, not quality.」（我們價錢可以打折，但品質絕不打折）。

陳定南的夫人張昭義女士，中央大學外文系畢業後到他的公司擔任英文祕書，有一次因故遭到陳定南責罵，憤而請辭。陳不假辭色地告訴她：如果妳自認沒有做錯，根本無須請辭；如果有錯，那挨罵也是應該的，更沒理由請辭。張昭義後來向我戲稱，她嫁給陳定南是「誤上賊船」。

一九七九、一九八〇年，先後發生美麗島事件和林宅血案，熱血沸騰的陳定南毅然結束公司業務，棄商從政要向不義的政權挑戰。一九八一年打破國民黨包辦三十年縣長的局面，終於扭轉乾坤，改變了宜蘭的命運。

上任後，他強力取締水泥廠的汙染，使蘇澳、冬山重光碧泉，再現青天；他力阻六輕進駐，使宜蘭保有新鮮的空氣；他三度力陳突破交通困境的迫切，使俞國華院長決定開闢雪山隧道；所以今日觀光客絡繹於途最愛宜蘭。

當年李登輝總統看了冬山河之後，曾立刻召見黃大洲說：「宜蘭能，為什麼台北不能？」其實陳定南是能人所不能，impossible 一字對陳定南而言，應改為 I'm possible!

## 大破大立，典型永留丹青

許多來宜蘭觀光的客人常問我兩個問題：第一，宜蘭窮鄉，哪來那麼多錢興辦親水公園、運動公園這些大手筆的建設？第二，這些地方看不到任何垃圾，是怎麼辦得到的？

我回答：當年邱創煥當省主席時，有一次例行性環島巡視，記者問他：「主席這次出巡，行前曾宣布各縣市紅包都是一千萬，一視同仁。你從台中出發，經過五縣市都堅持這個原則，今天到宜蘭怎麼一口氣給了一億八千萬？」

邱創煥毫不猶豫地說：「先前各縣市都只知道要錢而沒有計畫；宜蘭縣每一項計畫都做得這麼好，馬上就可以執行，這錢怎能不給？你有沒有聽說過『錢要花在刀口上』這句話？」

對第二個問題，我的回答更簡單。我反問客人：「這麼漂亮的地方，你垃圾丟得下去嗎？」陳定南就是用高品質的建設來提升縣民的文化素養。人人都說他是宜蘭經驗的開創者，要說他是宜蘭現代化之父也不為過。

陳定南全心問政，不跑攤、不應酬，是政壇的孤鳥。他的名言是「如果討人喜歡與受人尊敬無法兩全，我寧願受人尊敬」。他下令電影院不唱國歌，學校不掛蔣介石遺像；他首創彈性放假，裁撤安維祕書，並將「安全資料」送到中興紙廠做紙漿。一九八九年鄭南榕為主張台獨拒捕殉道，不久發生天安門事件，陳定南於六月十二日宣布宜蘭降半旗誌哀，並發表談話痛批海峽兩岸政權違背人權的暴行半斤八兩，強調沒有公理就沒有和平。

校園更新是陳定南的另一創舉，他一改在公共建築物上留名題字的政界陋習，他的名字反而深印在每個人的心版上。如今，陳定南紀念園區開幕剛滿兩年半，參訪者已逾十萬人，足見人們對他仰慕之深與思念之切！他的廉能、遠見和魄力，是台灣最珍貴的核心價值，也是後世子孫最佳的學習典範。

本文摘自《民報文化雜誌》第一期

（二〇一四年七月一日出版）

# 「台灣獨立」換十年牢　許曹德從不後悔 ——壓迫是推動台灣歷史前進的動力

邱斐顯

許曹德，新竹人，一九三七年生於基隆。一九四七年，目睹二二八事件慘狀。一九五七年，考入臺大政治系，一九六一年畢業。許曹德大學畢業後雖然從商，但是他博覽群書、認真研究國際關係。一九六〇年代中期，他就很清楚地意識到「台灣應該獨立」。

一九六八年一月許曹德因與友人主張建設台灣共和國，而被國民黨以「靖台案（全國青年團結促進會案）」罪名逮捕入獄，後於一九七二年移監綠島。一九七四年許曹德因心臟不好（狹心症）而轉送回台東軍醫院。直到一九七五年蔣介石總統過世，才由其子蔣經國總統特赦。

## 傲骨不畏二進宮

一九八七年七月十五日蔣經國總統宣布「解除戒嚴」。長達三十八年的戒嚴統治，才剛剛劃下句點。一九八七年八月三十日，一百四十二位坐過國民黨黑牢的政治受難者聚集台北市國賓飯店，成立「台灣政治受難者聯誼總會」。蔡有全是當天的會議主持人。大會在討論組織章程時，首任會長許曹德站起來發言提案，要求大會把「台灣應該獨立」六個字，列入組織章程裡。由於台獨思想嚴重挑戰國民黨執政的合法性與正當性，尤其欲藉著團體組織章程去推動理念，更是無法見容於國民黨當權。因為這個緣故，解嚴後不到三個月，一九八七年十月十二日國民黨再以「叛亂罪」的罪名，收押許曹德與蔡有全。

他們被收押的舉動，一時震驚海內外。原本，很多人以為「台灣解嚴了」，國民黨政府應該不敢再像過去白色恐怖時代，隨便編造藉口就胡亂逮人。然而，事與願違。他們被捕後，台灣的反對運動並沒有因此而停歇，反而像滾雪球一般，越滾越大。

一週後，一九八七年十月十九日，台灣基督長老教會組成「人人有主張台灣獨立自由」牧師團。當時，擔任牧師團總策畫的林宗正牧師，頭綁頭巾，帶領將近三百位牧師、教徒，與高俊明牧師、羅榮光牧師等人一起走上街頭，在台北市羅斯福路以遊行示威的方式，聲援蔡有全、許曹德。

一九八八年一月九日許曹德、蔡有全的台獨案，在高等法院舉行十四個小時馬拉松式的辯論庭，從早上九點半一直開到晚上十一點二十分才結束。一九八八年一月十三日，蔣經國因病去世。一月十六日，高等法院宣判蔡有全判處有期徒刑十一年，許曹德十年。這樣的重判，無疑是表面維持民主自由的國民黨政府自打嘴巴。

## 獄中振筆回憶錄

五十歲的許曹德，故意違抗台灣高檢處三次出庭命令之後，決定於一九八七年十月十二日出庭與入獄。他希望這次入獄，以無畏的精神，觸動台灣歷史的地殼，引爆獨立的火山，改變台灣人的命運。

許曹德入獄後，於次年一九八八年七月至十月的三個月約一百多天裡，在溽暑難當的牢房裡，在手邊沒有任何資料的情況振筆書寫，不但書寫自身點點滴滴的成長史，也書寫「台獨案第一次答辯狀」、「台獨案第二次答辯狀」，這些書稿一併收錄於《許曹德回憶錄——一個台灣人的成長史》一書。這是台灣反抗歷史上第一本「人在監獄、公開偷運作品出獄、公開陳述獨立理念」的書。一九八九年初，鄭南榕的「自由時代出版社」為許曹德出版這本回憶錄，隨即遭到查禁。

許曹德也在此書中，寫下他對台語文字化努力數十年的心血〈台語文字化－台灣人字母的誕生－台語字母系統簡介〉。許曹德在獄中，曾經收一個弟子——江蓋世來傳授他的這套台語字母系統。一九八八年八月，江蓋世因「六一二案」出庭而被法官下令收押，他拒絕交保，因而移送土城看守所。當時，江蓋世與許曹德、蔡有全及台語詩人陳明仁四人，都被關在土城看守所孝一舍。

## 學習用電腦打字

許曹德後因李登輝接任總統而於一九九〇年四月四日特赦出獄。出獄後，許曹德回復商人身分。他一生的事業與志業，就在「商人」與「政治犯」之間轉換來去。參與政治，是希望台灣社會有更好的未來，「台灣獨立」是他認定奮鬥的目標，從商則是生存的手段。一九九三年，久居新店的許曹德，代表民進黨投入新店市長補選。當年民進黨氣勢正旺，然而新店一向是國民黨的鐵票區，許曹德的敗選，並不令人意外。

二〇一五年十二月五日，醫界聯盟主辦李鎮源百歲紀念活動，一方面紀念李鎮源，一方面紀念當年李鎮源與一百行動聯盟致力推動「廢除刑法一百條」。當天，曾經同為台獨政治犯的鄒武鑑設宴邀集解嚴以後的政治犯友人，與一百行動聯盟發起人、幹部等多人，這項邀約工作則由與鄒武鑑同案的江蓋世來聯絡。

當江蓋世設法聯絡許曹德時，才得知許曹德有小中風的病況。聚會那天，許曹德坐著輪椅，由妻子徐秀蘭與兒子、媳婦陪同，看到許久不見的老朋友，七十八歲的許曹德內心激動，他除了感念李鎮源院士之外，也懷念為台獨理念殉道的好友鄭南榕。當天餐敘時，坐在許曹德身旁的陳永興醫師，很心疼地勸阻許曹德「不要再抽煙了」。

許曹德表示，兩、三年前，他開始學著用「ㄅㄆㄇㄈ」注音輸入的方式，在電腦的鍵盤上打字。二〇一五年三月中旬，他小中風，住院一個月，復健之後出院。小中風之後，許曹德不但沒有停筆，反而更加緊努力地用手指敲打鍵盤，積極地寫他的第二本書——一九九〇年出獄以後至今的個人史，大約二十萬字。他希望不久的將來，能盡快將這本書出版。

許曹德，他堅持一生的理念，為台灣獨立奮鬥，即使兩度入獄，他也絕不懊悔。到了老年，即使有小中風，仍然無法挫敗許曹德的信心，他依然持續寫作，他希望能藉著書本，讓更多人知道台灣人為台灣獨立而努力的故事。

本文摘自《民報》網站

（二〇一六年三月十五日出版）

# 完滿人格者——大魏，魏廷朝

陳偉克

只要有反國民黨的事，就直接算我一份，不必通知我！

——魏廷朝（一九三五～一九九九）

一九六四年魏廷朝因為與同學謝聰敏、老師彭明敏三人同擬「台灣人民自救運動宣言」案，首次入獄。一九七〇年彭明敏教授突破特務監視軟禁下逃離台灣，隔年魏廷朝因「意圖顛覆政府並著手實行」（俗稱二條一）被判刑十二年，後來因蔣介石猝死，全案發回更審，改以「受判徒之指使擾亂治安」罪，判刑八年半，後減刑為五年八個月。

一九七九年，美麗島事件發生，魏廷朝時任美麗島雜誌執行編輯，又被牽連入獄服刑七年半，三進三出政治黑牢，經歷共十七年三個月零七天的痛苦磨難，在台灣民主運動史上，是唯一僅見以非主謀身分次數最多、坐牢最久的政治犯。

這就是魏廷朝，大魏（一九三五年三月二十七日－一九九九年十二月二十八日）。出生於桃園縣八德鄉八德國小旁的一間民宅，桃園縣龍潭鄉客家人，台灣的人權工作者與政治人物，被稱為「人格者」。

那年他六十五歲，在一次很平常的晨跑中，心肌梗塞逝世的。總結他的一生，大魏為了台灣的前途與民主自由，犧牲了個人生命中最美好的歲月，他不但是客家硬頸精神的典範，更是台灣民主運動的先知先覺者，一個「完滿的人格者」。

魏廷朝的「反骨」似乎在就讀初中的時候就開始了。當時他因為不願在台上演講歌頌蔣中正，而被列為「問題學生」。就讀成功高中二年級結束時，因不願配合校長潘振球推動的救國團政策，率領全班同學拒絕參加救國團，最後只有他一個人堅持，而被校方開除。之後靠半工半讀方式考取國立臺灣大學法律系，一九五八年畢業之後，曾擔任過中學教員、國防部情報次長室聘任研究員、中央研究院近代史研究所助理等職。

大魏三進三出，為台灣的民主政治坐了十七年三個月七天的黑牢，大魏曾說這樣一段話：「只要有反國民黨的事，就直接算我一份，不必通知我！」這在白色恐怖時期，是何等氣魄與果敢的話。

第一次入獄，一九六四年九月二十日，與臺大教授彭明敏、謝聰敏同學發表「台灣人民自救運動宣言」率先拆穿國民黨的「反攻大陸」神話，要求國會全面改選，卻被警備總部保安處逮捕。從此開啟了魏廷朝的政治黑牢歲月，翌年公開審判，四月以「預備顛覆政府」罪名判處謝聰敏十年、彭明敏、魏廷朝各八年徒刑。大魏實坐牢四年整，直到一九六八年九月二十日才出獄。

第二次入獄，一九七一年二月，美國商業銀行台北分行發生定時炸彈爆炸案，警備總部保安處遂誣指謝聰敏、魏廷朝、李敖與「美新處爆炸案」有關，而加以逮捕。魏廷朝與謝聰敏由於始終不肯承認「美新處爆炸案」，不肯寫自白書，他不斷地被刑求，被鐵絲綁在雙手，接上電源，用電擊來凌遲他的身心，不斷地打他耳光，直到牙齒被打斷，他仍然堅持「好漢打落牙齒和血吞」的硬漢態度，不肯屈服，魏廷朝被科以預備顛覆政府罪十二年徒刑。

一九七二年被關在景美軍法看守所，同樂晚會與難友合唱。據魏廷昱說，他的哥哥魏廷朝在獄中可以完整唱完客家山歌、日本軍歌達六百首，每天從第一首歌開始唱，當六百首唱完，一天也過去了。

一九七六年九月二十三日，大魏減刑出獄回桃園埔心，一九七七年十月三十一日，魏廷朝與張慶惠結婚，婚前他曾答應太太張慶惠，絕不再「插」政治。他有太多機會可以逃避，可以放棄，但是大魏文筆又好，最後他還是到《美麗島》雜誌社擔任執行編輯。

第三次入獄，一九七九年因美麗島高雄事件，他擔任《美麗島》雜誌社編輯，被捕入獄。被司法審判六年，加上原減刑部分，實際坐牢七年六個月。

一九八七年五月二十六日，大魏第三次黑牢出獄，來自各地的政治犯及人權團體兩、三百人都前來歡迎大魏出獄。出獄後大魏接受《自由時代》記者江蓋世訪問，國民黨前後關你十七年半，你恨他們嗎？大魏說：「我心中沒有恨，參加政治活動的人，不應有恨，他的目標是愛不是恨。比起別人，我的情況還好，因為還有比我更慘的政治案件。」

確實，大魏算是幸福的。他的公子魏新奇，十歲以前，都是在父親坐牢的環境下生活過來，但他仍成長為一個即之也溫，和父親一樣，充滿笑容的人。魏新奇畢業於長庚大學復健系，目前開業擔任整健師（整脊、復健），用另一種方式助人。

到了自己的孩子十歲這年，大魏才出獄，他赴日本大阪經濟法科大學擔任講師，隔年，一九八八年返台，於一九九二年出任民進黨桃園縣黨部主委，魏廷朝擔任主委，不改「講真話」追求真理的真性情，得罪當時的民進黨主席許信良，以至後來參選立委失利，卻贏得多數對追求台灣民主自由人士的敬意，尊稱他是一位「完滿的人格者」。

在大魏不幸過世後，同窗難友謝聰敏撰寫「男人中的男人——哭同窗魏廷朝」，簡述魏廷朝的一生，以淚水描繪勇者的遺像。彭明敏教授則以「知識分子的典範」為他的高徒蓋棺論定……。

這就是大魏的一生，一個承受過無數苦難，但依舊笑容燦爛、內心堅定的知識分子的史詩故事。

本文摘自《民報》網站

（二〇一四年九月二十二日出版）

# 陳少廷與台灣民主運動

李筱峰

四十四年前（一九七〇），中國國民黨政權的外交處境正逢空前重創之際，國民黨中央黨部邀集企業及青年知識分子座談，商討國是。會中，國民黨祕書長張寶樹說了一句：「台灣人沒什麼人才。」一位二十八歲的台灣青年聽了，按耐不住，當面回嗆：「台灣人不是沒人才，台灣的人才在二二八事件時被你們殺光了！」張寶樹一時訝然無語。

當年這位勇敢的台灣青年名叫陳少廷。今天即使是太陽花學運的知識青年，知道陳少廷的人已經不多了，遑論社會大眾。但回顧台灣民主運動史，陳少廷有他不可磨滅的貢獻與地位。

陳少廷，一九三二年（日本昭和七年）出生於屏東四塊厝的望族。他的父親陳銓生是「臺灣文化協會」的學生會員，留學日本法政大學學法律，是日治時代台灣留學生抗日運動中的活躍分子。但是學成返台後不久即病逝。陳少廷當時才五歲。雖來不及與父親相處，但他日後關懷弱勢、打抱不平的正義感，與父親的人格特質很像。

## 少年「匪諜」

一九四九年屏東中學高一時，陳少廷因借腳踏車給一位被國民黨當局認為「有問題」的葉老師，遭情治特務當成「少年匪諜」，受到追捕、偵審、脅迫。他曾為了躲避地方特務，整月藏匿在甘蔗田內。待被迫自新後，轉學至長榮中學，並須定期報告行蹤。

報考大學前，仍無故遭情治當局拘留刁難，經再三懇求始於考試前夕獲釋。他沒有因此受挫，所報考臺大、師大及行政專科等三校全部上榜。他選擇進入臺大政治系。

一九五六年陳少廷畢業於臺大政治學系；一九五九年臺大法學院研究所公法組畢業。畢業後，被臺大政治學系聘任為教師，然卻因與老師殷海光教授交往密切，在《自由中國》撰文，且被認定搞「讀書會」，以致分別在一九六一年及一九六三年兩度遭警備總部約談拘禁，最後竟以「不教學、不出國」等條件，才獲釋放。雖不能出國，但獲美國哥倫比亞大學聘為駐台特約研究員。

## 知識分子諤諤直言

一九七〇年代初，正當台灣的國際地位挫跌，蔣經國準備接班之際，一群青壯年知識分子透過《大學》雜誌，發出改革呼聲。陳少廷出任《大學》雜誌社長。他所主持的《大學》雜誌，為民主自由人權法治的呼號，是台灣民主運動史上的一個里程碑。更石破天驚的，陳少廷在《大學》雜誌上，發表〈中央民意代表的改選問題〉（四十六期，一九七一年十月），首先提出中央民意代表全面改選的主張。他指出當前的中央民意代表業已失去代表性，而「只有全面改選才能保證可獲致全面的政治革新」。在當時敢向外來政權的「法統」神話挑戰，非有過人的勇氣與智慧不可！他的呼籲，雖冒犯國民黨統治者，卻喚醒校園內的大學生，臺大「法言社」特邀陳少廷與國民黨「法統」打手周姓教授進行一場大辯論，轟動校園。

## 啟蒙台灣文史意識

在外來政權壓制下，台灣人沒有機會讀台灣史，對台灣先人前輩的奮鬥，一無所知。陳少廷甘冒不諱，在《大學》雜誌上開始介紹台灣前輩人物，例如「台灣議會之父」林獻堂、「台灣獅的怒吼」楊肇嘉、「民族運動的鋪路人」蔡惠如……。

甚至，身為政治學者的陳少廷，竟也撰寫《臺灣新文學運動簡史》。把國民黨蒙蔽的歷史一一掀開，也打開當時許多無知青年的視野。筆者就是因為在學生時代有幸閱讀陳少廷這些台灣文史的著作，才開始關注自己台灣的歷史。

## 從書房到街頭

一九七三年二月陳少廷曾參選監察委員（由省議會投票選出）。在國民黨全面封殺之下，他獲得一票落選。不過在省議會上他發表一場精彩的參選告白演講，是台灣政治史上的珍貴文獻。

此後，陳少廷除在大專兼課，也擔任《民眾日報》主筆、《臺灣時報》總主筆，繼續諤諤直言。

再者，他也參與「台灣教授協會」（一九九〇年十二月）、建國黨（一九九六）。從書房、編輯台，到社運街頭，陳少廷扮演多重角色，但其精神則一：同情弱勢，追求正義。

## 台灣人的夢

兩蔣之後，陳少廷說出台灣人的夢：「台灣人自日據時代即開始追求他們的『夢』，那是自一九二〇年代起，首次知識分子所發起對現代國家的夢想，所以當時台灣曾出現議會運動、農民運動、文化運動，目的即在建立一個民主國家、社會正義及市民社會的政府。而這個台灣人的夢，於二二八之後一下被消滅了，而此時台灣人的總統產生了，舊有的夢又再度

出現，一九八〇年台灣人重新追求他們的美夢。」（一九八九年三月二十六日《現代學術研究》專刊創刊號）

一九九九年東帝汶公投獨立，陳少廷寫了一篇〈東帝汶公投獨立的啟示〉，說：「第二次世界大戰後亞洲的殖民地，除了台灣之外，現在統統都獨立了，東帝汶能，為何只有台灣不能？而且與東帝汶比較，台灣獨立的條件優越很多。」

二〇一二的中秋，陳少廷病逝，他的夢何時才能實現？

本文轉載自《民報文化雜誌第四期》

（二〇一五年一月一日出刊）

# 永遠的戰士──鍾逸人

王伯仁

發生在六十七年前（一九四七年）二月二十七日及往後延伸的二二八事件，被國府派軍隊以各種方法殺害的台灣人，至今人數不詳，一般估計至少兩萬人以上。其中較有組織及擄獲一些輕兵器欲進行武裝抗爭者，以台中地區的「二七部隊」，較具武裝部隊的芻形，但並未有實際激烈的接戰，而是大軍壓境，欲轉往埔里山區負隅抵抗時不順遂，即告瓦解。時任二七部隊長的鍾逸人，如今已是九十三歲高齡，坐了十七年苦牢的他，白髮固已蒼蒼，然精氣神仍舊矍然，還時時自己開車南北奔波，完全不似九十多高齡之人，正是：老兵不死，只是逐漸凋零而已。

## 老兵不死　逐漸凋零

鍾逸人是個單純歷經二二八事件而繫獄、囚禁十七年最晚釋放之人，距今也已有半世紀之久。回首前塵，往事並不如煙。他憑著驚人的記憶力，寫成《辛酸六十年》等多冊寶貴回憶錄，近作尚有「二戰末期的台灣人醫生」，尚待付梓。

二二八事件中，鍾逸人在台中市受推為「二七部隊」部隊長，緣於他曾留學日本入「東京外語學校」，卻因思想問題而坐過巢鴨監獄的牢。二戰末期因父病危未完成學位即返台，曾協助家叔開設「筑後屋」與日本陸、海軍做糧秣副食供應業務，為躲避「特高」之糾纏，居然設法遁入陸軍經理部「加藤隊」當起「陸軍雇員」，有軍服及黃花部隊別章，後擢升為「陸軍囑託」，正式佩帶軍刀與金黃色職階章（按，據鍾自謂，陸軍囑託非軍方正式軍階，而類似文官專員之職，佩劍與尉官同）。自此，他未再赴日完成外語學業，而藉職務之便，常到台北「文山茶行」與王添灯、連溫卿、林日高、王萬得、蘇新等傾向社會主義的人聯絡聊天。在台中地區，則與謝雪紅、楊逵、葉陶夫婦、二林洪挑醫師等相熟。簡括來說，五湖四海，交遊廣闊，尤其二戰後參與在台中地區籌組「三民主義青年團台中分團」之時，風雲際會，分團及區隊、分隊之負責人，幾乎網羅全大台中地區之知名文化人、醫師、律師……等，例如台中林連宗、童炳輝、賴耿松、何赤城、張星建、楊啟東、巫永福、豐原林碧梧、潭子呂赫若、彰化石錫勳、葉榮鐘、霧峰林培英、草屯洪金水、北斗董伯達、員林林朝業、溪州葉啟仁、竹山張庚申、埔里施壎堤、梧棲蔡為宗……等共數百人，皆一時俊彥。

## 化名鍾天啟　轉任國小校長

二戰終戰後之政權交接時期，鍾逸人在三青團台中分團總務股服務，與呂赫若同事。因是在地人，上級分配他專跑外勤工作，關照「學生聯盟」與民間自組維持治安團體，卻因貼壁報細微之因，與中國員警發生衝突，離開台中地區避風頭。至高雄分團時，認識曾任農民組合委員長簡吉和吳新榮，經介紹台南縣長袁國欽，以鍾天啟之名，被任命為吳鳳鄉鹿野國小校長，也因此與鄉長矢多一生（高一生）相熟。

擔任校長不到一個月，鍾天啟下山到台南縣政府洽公，也回台中省親，卻被警方誘捕拘禁，報復壁報事件的毆警行為。釋放後，經嘉義分團爭取，調到該分團任組訓股長（以鍾逸人之名），於是一人兼二職。還不僅如此，同年五月底，楊逵到嘉義找他幫忙剛成立的《和平日報》嘉南地區的採訪與業務，幾經考慮，他又擔任起《和平日報》嘉義分社的主任，做得有聲有色。此時是一人兼三職的怪現象，也有鍾天啟和鍾逸人雙重身分。

三青團名義上是由蔣介石任總團長，中央直屬台灣區團幹事長為李友邦，台北蘆州人，黃埔二期畢業，在中國對日抗戰中組「台灣義勇總隊」任中將總隊長，二戰勝利後回台，義勇總隊被陳儀一紙命令就此解散，瓦片無存。李友邦乃往三青團組織發展，但受制於陳儀的統攝壓抑，無法發揮。鍾逸人在三青團所轄《和平日報》在雲嘉地區布建有成，但因勇於如實報導新聞，屢次與警、憲、檢磨擦生隙，多次被藉端逮捕，種下一九四七年二二八事件起，他奮不顧身起而響應揭竿的必然。

## 二二八是突然　也是必然

二二八的起火點是在二十七日，警察查緝私菸打昏煙販林江邁，引起路人公憤而起的。引燃點則在翌日群眾前往長官公署欲向陳儀陳情，卻遭衛兵機槍掃射，當場死七人而一發不可收拾。由於通訊不發達，鍾逸人其實是三月一日在中市街頭遇到楊逵，向楊探詢，才知事件梗概。當下，兩人合議將隔日星期天，原預定在台中戲院舉行，由「政治建設協會」所舉辦的「憲政演講會」，改為市民大會，直接訴求民眾，看反應後再進一步決定。於是，兩人即著手印傳單（傳單由楊手撰）共一萬張，分批往台中州各鄉鎮分送。翌日，市民大會中，各方代表出席踴躍，選出謝雪紅為大會主席，會後舉行遊行，群情激憤，大有一發不可收拾之態。

三月三日，鍾逸人至台中師範學校，號召部分師生成立「民主保衛隊」，推吳振武為隊長，自任參謀。他即率隊到埔里線尋找軍械物資。四日回台中市時，台灣各地「二二八處理委員會」多已成立。台中市的「中師」、「中商」、「中一中」、「建國工藝」、「中工」……等校學生，則紛加入「民主保衛隊」，並進駐由「埔里隊」攻克的干城營區（位於台中火車站旁，廣達十多公頃）。初步以四百三十一人組成「二七部隊」，推舉鍾任部隊長，黃信卿為參謀長。二七部隊成立後，各地「治安隊」、「自衛隊」……等不一而是的小型隊伍陸續來歸，也有「高砂義勇隊」成員。部隊擁有不少輕重兵器及手榴彈，但非「正規軍」，戰鬥力未經實戰考驗。

此間，台北二二八處理委員會與國府達成多項「協議」，但國府偷偷自中國調來援軍二十一師自基隆登陸後，即撕毀承諾，開始大規模搜捕殺戮。在台中的二七部隊，原本於鐵路大安溪設防，阻國府軍南下，然防區遼闊，易攻難守，亦恐台中成為波及市民的戰場，後果難料，遂決定全部退守埔里，取其交通閉塞之優點。不料，埔里方面對二七部隊有收容謝雪紅等「紅色」分子，頗有顧慮，再深山一點的山地部落，因霧社事件的陰影猶存，亦無襄助之意，只有駐守在進埔里大門烏牛欄吊橋要衝的黃金島隊長所率民軍，曾狙擊欲進襲谷口的陳儀軍之車隊成功，但旋被繞道包抄，谷口要道反受其制。

至此，事已不可為，遂分頭「疏散」，在台灣南、中、北部各地流離。鍾逸人後來潛至汐止，藏匿於李舜卿家，並訂買一艘小機帆船，擬逃往日本。在等待期間，被由台中藉故尋來的許子哲所出賣，而被憲警逮捕繫獄。待決中，遇國府撤行政長官公署，改為省政府，非軍人移由司法機關審判，鍾因和謝雪紅列為「首要主謀」，判刑十五年，謝則早已在蔡懋棠之助，自左營坐艦艇逃至中國，楊逵夫婦無罪……。鍾放棄上訴入獄，大部分刑期都在火燒島搬石頭度過，但莫名其妙多加兩年，被關十七年，在一九六四年三月才釋放。

## 與陳儀軍相抗　二七部隊最具規模

從二二八的歷史資料中，筆者得到下列印象：台灣全島有正式組織武裝部隊與陳儀軍相抗的，台中地區的二七部隊是最有規模和組織的，擁有的槍械彈藥和成員（學生及民眾）也是數量最龐大的。但除了在大勢已去撤退至埔里烏牛欄橋附近，雙方曾接觸發生一場死傷人數不明的戰鬥外，二七部隊其實和陳儀軍（包括自大陸赴台支援的二十六師），並沒有多少交鋒。倒是嘉義、斗六方面，曾有山青（日本中尉）湯守仁率民兵包圍水上機場，切斷水電糧食迫守軍投降，正當將成功之時，有劉傳能者自台北返嘉，說服地方處理委員會解除包圍，提供糧食及飲水，並由陳復志、盧炳欽、潘木枝、陳澄波、柯麟、蘇憲章、邱鴛鴦、林文樹、許世賢等人，分座三輛小包車，掛「和平使」大旗前往水上要塞「和談」，結果只有許世賢和林文樹四回來，其他人都被逮捕，不多時即未經審判即遊街示眾後，在嘉義噴水池附近槍斃……。兩軍交戰，不斬來使，嘉義地方處理委員會，釋出善意，反被殺害，可見國府黑心至此，地方民兵覺悟「被騙了」，悲劇已無可挽回。

鍾逸人被關十七年後釋放，是二二八本案未被殺害倖存者身陷囹圄最久的。出獄後當然人事皆非，但出事前已有婚約的玉扃小姐尚在等他，有如王寶釧苦守寒窰一樣，令人動容。後來很久以後，我才知道玉扃小姐的尊翁林伯樞老先生，就是北斗望族林家兄弟之一，退休前曾在我小學母校當過我的「老老師」，與家父是「老仙」輩的摯友同事，而鍾逸人後來為祖墳遷葬問題，還是由對風水稍有研究的家父協助覓尋的。

鍾逸人今年台灣歲有九十三高齡，然仍可健步如飛，開車數百里是常事。近二十多年來，除了蒐集資料加上其天賦異稟的驚人記憶力，陸續出版了三冊的回憶錄，包括二戰以前留學日本、二戰中在台經歷，及最重要的終戰後國府派陳儀來台「接收」，乃至發生二二八事件，台中及嘉義地區與陳儀軍相抗的詳細情形。他廣泛接觸人物包括戰前台北「文山茶行」的王添灯、連溫卿、林日高、中部的謝雪紅、楊克煌、蔡子民、楊逵葉陶夫婦、林連宗律師、洪挑醫師、斗六陳篡地醫師、佳里吳新榮醫師、吳鳳鄉長高一生、農協簡吉……。

## 二七部隊　歷史爭議大

鍾逸人二七部隊之組成及運作，其實在歷史上留下很大的爭議。二二八之後，謝雪紅、楊克煌、蔡子民、古瑞雲等逃至大陸，當時尚未建政的中共即廣為宣傳：二二八是共產黨所領導的反蔣介石集團的抗暴運動。但鍾逸人出獄後，則堅持二二八的確是反抗國府欺凌台人之暴政，但二七部隊成立，紅色力量只是附驥，而非領導。潛伏準台共分子，逃到中國，是以二二八不幸事件向中共邀功，把二七部隊當「伴手禮」。他說：謝雪紅掌握「人民協會」是事實，她也曾提議成立「人民政府」和「人民議會」，但都被否決。而他曾多次在不同公開場合，揭櫫「爭取愛爾蘭模式的高度自治」是最高目標，而非搞人見人怕的紅色統治。兩者大相逕庭，中共的宣傳是「割稻子尾」。

對此爭議，鍾逸人甚至在一九九〇年十一月「撕破臉」，寫公開信給老友曾當他副官後至中國改名為「周明」的古瑞雲，嚴厲駁斥陳映真為他出版《臺中的風雷》乙書中所謂：二七部隊本是一支道道地地的紅軍，也可謂是謝雪紅的御林軍……等敘述，指為自我膨脹不符事實。

平心而論，中共所謂二二八事件是地下台共分子所鼓動甚至領導，那是自我抹脂搽粉、臉上貼金的宣傳，要不是國府代表陳儀等嚴重失政，二二八那來引信加大量柴火？陳勝、吳廣揭竿起義，是登高一呼而百諾，陳、吳豈有事先組織及領導之謀略？二二八發生當時，是有一些傾向社會主義同情者熱心參與，然此與中共指揮台共領導差了十萬八千里，剛好國府要卸失政之責，中共又要搶事變之功，一拍即合。可歷史真相不是用製造的，所謂「不容青史盡成灰」，二二八距今雖已六十七年，但許多事都已撥雲霧見天日，只有緝凶究責等轉型正義尚待落實。

鍾逸人是二二八事變中部地區唯一有武裝的反抗團隊的領導人，吾人不以成敗論英雄。他以台灣人價值為念，敢起抗暴，終是獨木難撐大廈，但已寫下可歌可泣的史詩篇章。如今做為二二八事件重要參與者，雖逃過死劫但也結結實實坐了十七年黑牢的他，幾乎是唯一碩果僅存的老兵，就如麥克阿瑟將軍所說：老兵不死，只是逐漸凋零而已。

本文摘自《民報》網站

（二〇一四年五月七日出版）

# 台灣獨立建國的燈塔熄燈了嗎？追悼彭明敏教授

陳永興

一早醒來看到盧俊義牧師傳來彭明敏教授返回天家的消息，我內心悵然若失，昨天晚上在一場和老朋友的餐敘中，我和盧牧師、筱峰兄、三雄兄、其萬兄、理容姐、念真兄、逸民兄、其文兄……等等好朋友聊天，我們還在說彭教授的身體很虛弱，真令人擔心，沒想到隔了一夜，就天人永別了！雖然我們都知道彭教授年歲已高，最近身體大不如前，但內心總是期盼他能多留一些時間，畢竟台灣社會像他這樣能夠成為獨立建國運動的燈塔的人物，已凋零殆盡，實在令人不勝唏噓！

我認識彭教授是大學時代開始讀禁書，就看了他的《台灣人民自救運動宣言》和《自由的滋味》，當時他已流亡海外，當然沒有見面的機會，一直到一九八五年，我有機會去美國柏克萊大學進修，畢業後巡迴全美各地台灣同鄉會演講時，才能見到彭教授的廬山真面目，我仍記得他邀請我去他住的地方，那是非常少人去過，因彭教授在海外仍被列為頭號黑名單人物，時時刻刻有被盯上的危險，他帶我遠離城市去到非常鄉下周圍都是美國人居住的社區，他一人獨自離群生活在海外數十年，忍受流亡思鄉之苦，他單手開車，自己購物，料理家事，從不假手他人之手，也幾乎不讓人知道他隱身之處，卻帶我去他住的地方，我們促膝長談，彭教授想多了解故鄉台灣的一切，更關心我回台之後想做的事，令我感動不已！

一九八六年底，我返台後接任「台灣人權促進會」會長，開始倡議二二八的平反，一九八七年初，我與李勝雄、鄭南榕等，發起二二八和平日促進會，在全台各地展開「二二八公義和平運動」當時戒嚴尚未解除，每場活動都被鎮暴部隊包圍、鎮壓，之後我又為了聲援許曹德、蔡有全的台獨案，在全台各地展開「新國家運動」的遊行，當時國民黨情治單位已不能忍受我，就從高檢署製造了一個海外巴西台獨分子返台被捕的案件，在獄中要被捕的當事人寫自白書誣陷我，說他返台是要找我，說我是島內台獨負責人，情治單位準備逮捕我的消息被自立報社記者傳出來後，彭教授當時在美國擔任「台灣人公共事務會」（Formosan Association for Public Affairs／ＦＡＰＡ）的會長，馬上安排美國國會舉辦台灣人權聽證會，邀請我前往出席作證，其實是希望美國參議員佩爾和眾議員索拉茲等人關心我的安全，由於彭教授的伸出援手才救了我逃過一劫。當蔣經國過世，李登輝上台後，這個台獨案才沒有繼續辦下去。

李登輝接任總統後開始解除海外黑名單，召開「國是會議」，推動總統直選，我參與其中，並力薦彭教授返台，海外同鄉也發起包機護送彭教授返台的行動，彭教授回台後他的學生林敏生、林誠一、鄭義和成立了「彭明敏文教基金會」，彭教授要我擔任執行長，我們開始準備支持彭教授參選第一任民選總統的工作，雖然我們知道對手是李登輝，擁有豐富的執政黨資源，但是彭教授知其不可而為之，仍然挑戰台灣人第一次總統的民選，看見他們兩位上一代台灣優秀的知識分子為了台灣前途在電視上公開辯論，我內心的感動和激動無法以言語描述。彭教授扮演了台灣人先知，承擔苦難挑戰不可能任務的角色，讓許多台灣人打從內心佩服他。

之後我曾被徵召前往花蓮民主沙漠參選，彭教授不辭辛勞來助選，後來我進入立法院又和彭百顯、許添財、蕭裕珍、陳光復、陳文輝等人組成新國家連線，於立法院又參與彭教授發起的建國會，他不遺餘力地支持我們，我們也一直把彭教授當作台灣獨立建國的啟蒙者和領航者，他對我個人更是愛護有加，即使後來我淡出政治，創辦《民報》，彭教授仍然大力支持，作為《民報》的後盾，他在許多台灣獨派的團體中是眾人的精神領袖，雖然他很少參加活動，也不喜歡多發言論，但偶爾會寫出簡短的文章，總是一針見血點出問題，思緒清晰，方向明確，令人佩服，他數十年如一日，就像是台灣前途的燈塔，永遠指引著熱愛台灣的年輕人應該努力的方向，如今雖然民進黨已經二度執政，彭教授畢生追求台灣成為有尊嚴獨立國家的夢想仍然未能實現，這是我們共同的遺憾！

彭教授年歲漸大體力也明顯變差之後，他很少出門，我偶爾去看他，他還是維持著上一代知識分子的優雅和藹且關切年輕人的胸襟，我經常與照顧他的吳慧蘭小姐聯繫，從慧蘭姐那兒得知他的身體狀況日益衰弱，前一陣子盧俊義牧師告訴我彭教授要求接受洗禮，要回到上帝的面前，我心裡就想彭教授可能已自覺上帝準備接他回天家了，沒想到昨晚與盧牧師、筱峰兄等老友相聚，大家還在關心彭教授為他祈禱，今天一早他就告別了大家，台灣獨立建國運動的燈塔就這樣熄燈了嗎？彭教授我們要走向何方呢？

永遠懷念您的永興敬上　二〇二二年四月八日

本文摘自《民報》網站

（二〇二二年四月八日出版）

# 輯二

# 經濟篇

# 台灣烏龍茶之父──李春生

陳孟絹

榮獲二〇一四年第五屆金漫獎最佳新人獎的《異人茶跡──淡水一八六五》,描寫台灣烏龍茶之父英商杜德與大稻埕名人李春生,將烏龍茶推廣至國際的傳奇故事。「大稻埕名人李春生」,這只是他的稱謂之一。

## 自助、人助的船夫之子

李春生,一八三八年生,大清帝國福建廈門人,父親李德聲是船夫,母親林有,家庭不富裕,小時候與鄰居小孩沿街叫賣糖果貼補家用。一八五二年,和父親在廈門長老會受洗成為基督徒。聰明、勤快、誠實、負責的特質,讓乘坐過渡船的英商愛利士(Elles)看中他,僱他為雜工。一八五七年李春生成為英商怡記洋行(Elles & Co.)的掌櫃(等同經理),從事洋貨與茶葉貿易。因應經商往來的需要,他除了自修漢文,也到香港進修英文。接觸西方事物、遊歷中國各地與清領時期的台灣,增進他的視野與刺激思想。一八六一年李春生在廈門自營四達商行，兼售茶葉。

一八六四年適逢太平天國戰事在福建一帶開打，他的事業因而停頓。蘇格蘭商人杜德（John Dodd）於一八六四年在北台灣創設寶順洋行，鼓吹栽培茶樹。李春生經介紹在一八六五年受聘為該洋行總辦（相當洋商經紀人），負責管理茶葉種植與生產。

## 把台茶輸出　名揚國際

杜德發覺北台灣丘陵的土壤、氣候適合種茶，由福建安溪引進烏龍茶種植；李春生提出以獎勵投資方式，貸款給農民種植，並教導烘焙、製茶作業，且全數收購。他們還引進新型設備，將原本粗製的台茶提升為行銷世界的精製茶。

一八六九年蘇伊士運河開通，連結歐、亞洲的南北水運，杜德和李春生雇用兩艘大型飛剪式帆船（Clipper），從台灣運送兩千一百三十一擔（約十二萬九千公斤）烏龍茶至美國紐約，獲極大好評，一年間價格從原先每擔十五元飛漲至三十元。茶葉輸出直航美國的創舉，使兩人成為台灣烏龍茶（Formosa Oolong tea）進入國際市場的創始人，亦有「台灣烏龍茶之父」的稱呼。

## 具國際觀的富商思想家

後受聘於英商和記洋行總辦的李春生，負責茶葉和洋貨貿易，此外他自製茶葉外銷，兼經銷三達石油公司的煤油，獲利甚多，逐漸累積財富，成為僅次於板橋林本源家族的富商。白手起家的成功之處在於他具有傳統商人務實的優點、吸收洋商的知識和經驗、善用買辦的身分經營事業。

這些特點使他有獨到的見解關心時事。一八七四年牡丹社事件時，李春生撰寫〈台事〉七篇投刊到香港《中外新報》，以他對台灣資源和國際情勢的瞭解，建議與日議和、加強台灣防務、移民墾台、振興產業，是很早提出台灣具體經營策略者。

《主津新集》一書匯集他一八七五至一八九三年的投稿論述，內容涉及時務、宗教、道德。他的自強思想，被認為是清領台灣第一洋務思想家。

## 有「番勢李仔春」稱號

一八七八年李春生被任命為台北城建築委員，與林維源共同督造台北城。一八八六年兩人共同成立建昌公司，合築建昌、千秋兩街（今貴德街）出租給洋商，促進大稻埕的發展。

李春生富有卻不小氣，時常捐款建造公共事務，例如建鐵路、造海港，一八八〇年因此獲頒清帝國五品同知、賞戴藍翎功名。因處理的事務多和外國人有關，時常調解民間、外商、官方，讓李春生有「番勢李仔春」的稱號。

一八九五年日清戰爭，清帝國割讓台灣給日本，台灣巡撫唐景崧建立「台灣民主國」以示效忠清帝國，日軍從澳底登陸後，誓言與台灣共存亡的唐景崧連夜脫逃，遺留的官兵變土匪，局勢混亂。台北士紳李春生、美國記者禮密臣（James Davidson）、外商等人商討對策，決議由辜顯榮請日軍入城維護社會秩序與安寧。

## 參觀日本驚覺現代化重要

日本新政權為籠絡地方士紳，敘勳授章，延攬有聲望者出任街庄社長（今鄉里長），並邀請他們到日本參觀。李春生在一八九六這年，獲頒單光旭日章，敘勳六等；且以視察員身分隨總督樺山資紀到日本考察，記錄此行觀感寫成《東遊六十四日隨筆》，是本島人所寫的第一本遊記。這趟日本行的第八天，他就決定「斷辮改妝」，剪去長辮、改穿西服，驚覺現代化與教育的重要，回台後宣揚斷髮放足的改革。

秉持基督精神的他，晚年更慷慨捐款於公共事務，項目羅列軍事、學校、教會、建設鄉里與賑災。不論清領時期或日本治台，李春生皆受政府重視，是「殖民體制內的良好適應者」。

李春生走過的時代，反映當時的發展與變貌，認識土地的歷史，從各種人物史開始，可由微觀到宏觀，自然能打破課綱的黑箱作業。

本文摘自《民報文化雜誌》第十期
（二〇一六年一月一日出版）

# 煤金光耀台灣頭——基隆顏家

戴寶村

## 煤金創造礦業王國

近代台灣五大家族大多以土地、茶、糖、樟腦業、商貿致富，基隆顏家則是以開採地下資源建立礦業王國，使顏家的家族歷史別具特色。

顏家開台祖顏浩妥為福建泉州府安溪縣人，在一七七〇年代初次渡台之後返回原鄉，子顏玉蘭再渡台在台中營生，兒子顏斗猛在一八四七年移居瑞芳耕墾，並加入當地之採掘煤炭工作，之後台灣開港通商，煤炭為西洋蒸汽輪船所需燃料，顏斗猛之子顏尋芳繼續在四腳亭一帶開採煤礦。一八八七年劉銘傳開始興建基隆、台北之間鐵路，在基隆河發現沙金，引發採金熱潮，顏家亦在金瓜石探採金礦，奠定顏家煤金礦業王國的基礎。

開創顏家基業的關鍵人物是顏尋芳次子顏雲年（一八七五－一九二三）、三子國年（一八八六－一九三七）。

顏雲年曾受書房教育，一八九五年因其叔正春被日方誣為匪徒而與日軍折衝終獲釋放，乃識時局之變改學日語作為立身之具。一九〇〇年藤田傳三郎設藤田組開採瑞芳金礦，顏雲年負責提供材料與工人，並陸續設金裕豐、金盈豐、金裕利、雲泉商會等從事採礦獲利，一九一四年藤田組將事業轉售給顏雲年經營，一九一八年與藤田組合資設台北炭礦株式會社，同年與三井財閥合設基隆炭礦株式會社，一九二〇年結合林熊徵、賀田金三郎、木村久太郎等資金將台北炭礦改組成立臺陽礦業株式會社。基隆與臺陽兩家總產量超過全島三分之二，被稱為炭王金霸。一九二三年顏雲年去世，顏國年繼之並將主力投入煤礦事業，一九二五年創設海山炭礦株式會社，後併入臺陽。

## 交通、產業多角經營

開礦必須要交通配合，雲泉商會修建瑞芳通九份道路，促成九份繁興。一九一二年設基隆輕鐵會社，陸續興建基隆到猴硐、三爪子、金山、萬里、瑞芳、金瓜石；石底至三貂嶺的輕鐵。一九一七年設海山輕鐵建設三峽至成福、大寮、鶯歌的輕便鐵道。這些道路除運礦產之外也提供這些偏遠地區民眾的交通往來，其中猴硐到平溪的鐵道後來擴建併入北宜線系統，就是現今熱門的平溪支線觀光鐵道。顏家經營礦業、交通、木材業，另擴及金融業如台灣興業信託、基隆商工信用組合、大成火災保險等；水產和造船業如台洋漁業（與辜家合作）、蘇澳造船等；還有倉儲、電化、化工等事業。

顏國年在一九二四年四月二十四日至七月八日前往中國華北、東北和朝鮮考察，曾考察保晉、同寶兩公司的煤礦，引發對中國山西煤業的興趣，而居中安排的三井集團亦思利用顏氏的台人身分拓展煤業版圖，但因北洋政府直系吳佩孚失勢，此想法都成泡影，否則顏家將是很早就深入中國內地的大台商。

## 文教公益與社會網絡

顏家重視文化教育，倡建瑞芳公學，支助九份公學和基隆公學，顏國年擔任總督府評議員，力倡義務教育和日台共學，落實日台平等，設置工業學校以培養本島技術人才。戰後接辦基隆商工專修學校，提供顏家私有土地興建校舍，一九五五年正式成為光隆商業職校。另捐九份二點八甲地建學校，校名欽賢國中即感念顏雲年長子顏欽賢之意。

顏家鑑於基隆港埠外來工作者多居住場所不足，一九二一年聯合辜顯榮、林熊徵出資興建博愛團住宅共六十六戶，提供低廉房租，成為基隆重要公益事業，博愛團、陋園和環鏡樓是顏家在基隆市區最有代表性的建物，可惜今已皆拆除改建。

顏氏兄弟以其資產聲望成為社會佼佼者，顏雲年在一九二一年出任台灣總督府評議員，顏國年曾任基隆街協議員、台北州協議員，一九二九年亦膺任總督府評議員，為兄弟檔同任此職者唯有顏家。

台灣大家族間的商業合作相當普遍，顏家與板橋林家、鹿港辜家有合作，家族成員也發展出門當戶對的婚姻網絡，大家比較熟知的有顏國年三子顏滄濤娶鹿港施素筠（裁縫服飾專家），長女顏梅嫁鹿港丁瑞鉠，次女顏碧霞嫁名醫魏火曜等；顏國年三子顏德修娶許丙（板橋林家總管）之女許碧霞，女兒顏絢美則與板橋林家的林明成結婚等等。

## 改朝換代煤金餘暉

台灣近代五大家族中的顏家主要是以開採煤、金礦致富，資源枯竭即告結束，其土地資本亦難加值發揮運用，因此與其他家族有所不同。在基隆市區有許多地產，包括購自木村久太郎的宅邸，改名為陋園，大部分土地在戰爭後期日人支付搬遷費後徵用建神社或做為軍事用途，戰後則被中華民國政府以日產接收，顏欽賢向市府交涉，反而要求付大筆金錢，不服力爭還被列入黑名單，後來改建為眷村的建國新村，剩下土地另捐設光隆商校，只留存顏氏宗祠。二〇〇七年顏甘霖曾提出要求政府歸還土地，至少也要將基隆的中正公園改名為顏回公園，以示紀念顏家遠祖。

一九四七年發生二二八事件時，顏國年長男滄海台北的家被國軍搜掠人也被抓，要用他交換顏欽賢，後來經過蔡繼琨（交響樂團團長）交涉才釋放，民間流傳軍方覬覦顏家多金，要求以金條贖命才釋放。

顏家戰後以國年長子欽賢為主軸延續或開拓相關事業，煤礦事業在一九七〇年代告一段落，其他主要的事業有蘇澳造船、三陽船務、三陽金屬、臺北客運、新東機械、臺陽合金、瑞芳工業、啟弘化工、瑞芳砂礦等，其他關係企業超過三十家。

顏家以採煤金礦起家，造就顏國年次子顏滄波成為地質學家，他從台北高校畢業後進臺北帝國大學受教於地質學權威的早坂一郎，之後前往中國北大任教，戰後回台任教臺大再到中央大學創設地球物理研究所，還擔任過中央圖書館館長，從礦物管到圖書文物。

顏雲年長子顏欽賢除職掌事業，但仍熱心為礦業留史，一九五五年成立台灣礦業史編纂委員會，一九六九年全書完成，分為兩冊近三千頁，篇幅達兩百萬字，一九八三年再完成續編，為台灣礦業史保留珍貴的史料資產。

顏欽賢之子顏惠民在日本與一青和枝結婚歸化日本，長女顏青窈為著名歌手，次女顏青妙在整理父親遺物後，追索其父親及家族的故事，撰寫《我的箱子》自傳體的書籍流傳，算是煤金餘暉映異國。

本文摘自《民報文化雜誌》第十一期

（二〇一六年三月一日出版）

# 二二八受難的台灣金融先驅——陳炘

李筱峰

一九二五年陳炘獲哥倫比亞大學碩士學位。當時，台灣沒幾人有這樣優秀的學歷。返台後陳炘致力於本土金融事業開拓，籌組一個「糾集台灣人的資金，以供台灣人利用」的金融機構。

二戰終戰之初，有一次蔣介石問來自台灣的蔡培火，台灣有無人才？蔡回答，有兩人不能不知，一是林獻堂，一是陳炘，前者是台灣的象徵領袖，後者是金融人才。

一八九三年（清光緒十九年）陳炘生於台中大甲。兩年後滿清政府因為甲午戰敗割讓台灣給日本。

陳炘七歲喪父，直到十三歲（一九〇六，日本明治三十九年）才入大甲公學校。因聰穎用功，跳級升班，三年後就從公學校畢業，旋於同年（一九〇九）四月考入當時一般學子歆羨的「台灣總督府國語學校」（後改名「台北師範學校」）。

一九一三年（日本大正二年）三月，陳炘自國語學校師範部畢業，返大甲公學校任教。但服務年限未滿，即賠錢辭職，考入慶應大學理財科。這是陳炘學商之始，奠下他往金融界發展的基礎。

在東京留學時，陳炘成為台灣留學生的領袖，於一九一八年被推為「東京台灣青年會」會長（此學生會原稱「高砂青年會」，首任會長即林茂生）。

陳炘在日本求學期間，正逢台灣留日學生掀起民族運動的序幕。以東京台灣青年會為主體的青年學生，在前輩蔡惠如的運作下，於一九二〇年元月，組成「新民會」，推動「台灣議會設置請願運動」、發行刊物《臺灣青年》。「新民會」成立時，陳炘也是創會會員，並參與經營和編寫《臺灣青年》雜誌。在創刊號上，陳炘以古體漢文發表〈文學與職務〉，提倡台灣文學建設之重要性。

## 一九二五年哥倫比亞大學碩士　陳炘學歷優異

一九二二年四月，陳炘從慶應大學畢業返台，與台南女子謝綺蘭結婚。結婚翌年（一九二三），陳炘赴美進修。先進入愛荷華州的 Grinnell 學院攻讀經濟學和商業管理。一學期後，轉入紐約哥倫比亞大學商學院。一九二五年陳炘從哥倫比亞大學畢業，獲碩士學位。在當時，台灣沒有幾人有這樣優秀的學歷。

陳炘返台後正值台灣的民族運動、文化運動蓬勃展開。由林獻堂、蔣渭水等人所領導的「臺灣文化協會」正在全島各地進行多項活動。陳炘頗受林獻堂的激賞，獲邀擔任文化協會夏季學校講師，講授經濟學科目。

返台後的陳炘更致力於本土金融事業的開拓。他認為要提升台灣人的地位，不僅要提升台灣人的文化，也要振興台灣的民族產業資本，才能在日本殖民統治下與日人一較長短。而且改變土地資本走向商工資本發展，才可以和日本人分庭抗禮。因此他結合民族運動領袖林獻堂，開始籌組一個「糾集台灣人的資金，以供台灣人利用」的金融機構。一九二六年（日本昭和元年）十二月底，台灣人的第一家金融公司——「大東信託株式會社」，在陳炘的奔走籌備之下，終於誕生。在日治時代以純粹的民族資本，組織金融信託業的，陳炘是創舉。

## 陳炘創舉　以民族資本組織金融信託業

由於大東信託會社目的在謀台灣人的經濟利益，同時期能有所裨補於民族運動，因此這個公司帶有濃厚的政治色彩，總督府當局因而故意刁難，日本人的金融同業亦加歧視，百方阻擾，最後經過相當折騰才突破困難而成立。大東信託以資本額兩百五十萬圓，設本店於台中市，設支店於台北和台南，董監事都是台灣中部的在地士紳，而且多為文化協會的支持者。推林獻堂為社長，陳炘為專務取締役（總經理）。大東信託成為「台灣經濟運動中的中樞機關」，是台灣近代民族運動的經濟自衛行動。所以大東信託株式會社被形容為「台灣人最大的民族金融機關」、「台灣運動的金庫」。

日政當局自然心存顧忌而想加以阻擾。由於當時台灣尚未有信託法，日政當局常視信託會社為不合法組織，並以此為壓制的藉口。在大東信託會社未倡設前，日政當局歷來對一般的信託會社的取締很寬，及至大東信託募股以來，日政當局的態度便大為改變。大東信託會社在現實環境壓力下慘澹經營，雖欲求一紙可供依循的信託業法而不可得，但到了一九三四年，大東信託已成為台灣島上僅存的五家信託公司中，成績最優者（與屏東信託、台灣興業信託，合稱為當時三大信託公司）。

## 二二八事件陳儀藉機整肅　陳炘難逃厄運

經過陳炘、林獻堂等人的力爭，到了一九四四年八月，日本當局才在台灣實施信託法及信託業法，並藉機以當時台灣最有力的大東信託為中心，計劃設一「台灣信託株式會社」，合併大東、屏東及台灣興業三家，並由臺灣銀行、商工銀行、彰化銀行及華南銀行共同出資，「台灣信託株式會社」遂因此成立。陳炘仍被聘任專務取締役（總經理）。此時已是日本治台的最後兩年。

大戰結束後，陳炘籌組「歡迎國民政府籌備委員會」，熱烈迎接心目中的祖國，不料他卻受到從「祖國」來的陳儀政府的排擠。陳炘有感於江浙財團將壟斷台灣經濟，因此他糾集台灣本地資本，籌組了一個台灣本土企業——「大公企業公司」，陳儀視之為眼中釘，而於一九四六（民國三十五）年三月被陳儀以「漢奸」罪名逮捕！所幸經過一個多月的偵訊，終告無罪開釋。然而，幸與不幸，誰能逆料？翌年（一九四七）二二八事件爆發，陳儀藉機大整肅，陳炘仍難逃厄運。三月十一日清晨，正患有瘧疾而臥病在家的陳炘，被警憲人員帶走，一代金融先驅從此一去不回。

（附記：關於陳炘一生，詳見李筱峰著《林茂生、陳炘和他們的時代》）

本文摘自《民報文化雜誌》第六期

（二〇一五年五月一日出版）

# 跨世紀的人格者——吳三連先生

向陽

## 窮苦童年　讓吳三連養成獨立個性

一八九九年（明治三十二年），吳三連先生出生於台南州北門郡學甲庄「頭港仔」的貧窮農家。父親吳徙是木匠，所賺微薄，家無恆產，幾個兄長都當學徒。窮苦的童年使吳三連從小養成了獨立的個性，同時也讓他對於母親、農民與弱勢者，懷有特別的關懷與感情。

頭港仔隔壁村「西埔內」教會附設的讀書班是吳三連的啟蒙教育，直至一九一一年十三歲時才進公學校接受正規教育。一九一五年考入總督府國語學校國語部，這四年的求學階段對吳三連先生的知識提升與人生修養都有很大的幫助。

## 留日求學　深受民族自決風潮影響

一九一九年總督府國語學校畢業後，吳三連獲板橋林熊徵獎學金赴日本東京高商預科

（今「一橋大學」）就讀。初到日本之際，世界局勢正值民族自決、民主主義的風潮，吳三連深受影響，堅定了他為台灣奮鬥的決心。同年，吳三連加入「啟發會」及「台灣青年會」，開始從事抗日民族運動。

一九二〇年一次由台灣總督府專為台灣留學生辦的招待會上，吳三連先生首先發難，對於日本當局為消滅台灣文化所實行的同化政策、以及對台灣人的政治差別統治，提出批評。這是吳三連與日本統治者首度衝突，也顯現了為故鄉台灣發言的勇氣和正義。留日期間，吳三連也積極奔波「臺灣議會設置請願運動」並參與「臺灣文化協會」文化講演等活動。

## 記者生涯　批判文章遭查禁

一九二五年大學畢業後，吳三連進入大阪《每日新聞》擔任經濟新聞記者。一九三二年返台，參與《臺灣新民報》的發行工作，為這份台灣人的第一份報紙貢獻心血，同時撰寫「爆彈」專欄，抨擊日人施政。一九三三年赴日擔任《臺灣新民報》東京支局長，一九三七年台灣總督府提出「台灣米穀輸出管理案」，欲壟斷台灣米糧的收購價格，嚴重影響農民生計，吳三連乃於一九三九年親撰《台灣米穀政策之檢討》，立刻遭到查禁。

在米穀案中，因得罪日本當局，乃於一九四二年轉赴天津從商。一九四七年爆發二二八事件，人在天津的他仍極力抨擊國民黨當局，為台灣人表達嚴正抗議。同年公布憲法，乃開始思索從政之路，並以全國最高票當選第一屆國大代表、一九五〇年擔任官派台北市長，一九五一年當選第一任民選台北市長。一九五四年吳三連當選第二屆台灣省臨時議會議員，為民喉舌，言人不敢言，被媒體稱為「神槍手」，並譽為省議會「五虎將」之一。

## 棄商從政　堅持「無黨無派」立場

吳三連在戰後從政生涯中，始終堅持「無黨無派」的立場，站在台灣歷史和人民的最高利益上，為所當為，不憂不懼。一九七〇年代發生台美斷交、美麗島事件，台灣政治社會內外交迫，吳三連憑著豐富的政治歷練，被委以重任，成為協調國民黨政府與黨外人士之間歧見的重要橋梁。

一九五九年吳三連接辦《自立晚報》，本著「無黨無派．獨立經營」的立場上，堅持客觀、公正、本土原則，為戒嚴年代的社會提供了一份公正發聲的媒體，並在台灣新聞自由史上樹立其不可抹滅的地位。綜觀吳三連一生，有四十五年的歲月與媒體連結，他銜接了《臺灣新民報》的歷史使命，在外來政權統治的長夜中，在媒體經營上為台灣點起一盞永被懷念的明燈。

## 興辦企業　成為「台南幫」精神領袖

一九五四年，與同鄉吳修齊、吳尊賢兄弟成立「臺南紡織公司」，這是吳三連興辦企業的開始。

一九六〇年，與同鄉侯雨利創設「環球水泥公司」，吳三連先生因此被業界譽為「台南幫」之精神領袖。吳三連一向認為「錢四腳、他興辦企業的目的主要基於建設台灣、繁榮經濟並造福人群為理念」，因此在產業界備受尊敬。

在教育方面，早在一九四八年吳三連與林獻堂、黃朝琴、朱昭陽等賢達成立「延平補習學校」（延平中學前身），辦校認真，信譽卓著；一九六五年台南幫集資興辦「南台工業技藝專科學校」（今「南台科技大學」），成為南台灣工業科技教育的重鎮。

## 吳三連獎　鼓勵文學與藝術工作者

在文化方面，一九七八年適逢吳三連八十歲壽辰，親友及關係企業有感於先生平日在十分重視文藝人才的培育，成立「吳三連獎基金會」，每年頒獎給卓有貢獻的文學家和藝術家，至今已頒贈了三十七屆，共有一百三十五位得主獲獎，備受朝野一致肯定。

一九八八年十二月二十九日吳三連先生因心臟衰竭逝世，享年九十歲。吳氏兄弟為紀念父親，乃一九九一年成立「吳三連臺灣史料基金會」，著手整理吳三連先生遺物和文件，出版刊物及舉辦各項活動，期使國人建立一台灣為主體性的史觀。一九九三年成立「台灣史料中心」，蒐集並整合台灣歷史資料等，提供一般社會大眾及研究者使用。

回顧吳三連先生一生，參與抗日、媒體、政治、企業、教育、文化等事業，也領導民間團體，贊襄社會公益，始終不改其志。

本文摘自《民報文化雜誌》第五期
（二〇一五年三月一日出版）

# 吳火獅情義結善緣——新光兄弟各擁江山

陳文蔚

說起新竹重要的家族，或許人們無法立刻脫口而出，但如果說起新光吳家那麼應該是眾所皆知了，吳火獅正是出生於新竹市的道地新竹囝仔，因為家貧北上當學徒，而在商場上嶄露頭角，並開創了新光集團的版圖，但吳火獅英年早逝的遺憾，卻也埋下個性截然不同的四個兒子日後各擁江山，各闖各的天下的局面，成為財團中話題最多也最緊張的家族。

吳火獅少時家貧，在先北上工作的哥哥吳金龍的介紹下，十七歲來到台北，進入當時商場競爭最激烈的台北迪化街「平野商行」當學徒，工作認真受到老闆賞識，二十歲時，老闆便讓吳火獅出任小川商行總經理，負責棉布批發，順利拓展小川商行的業務，更展露商業天分，也因往來於台日之間，更拓展了不少國際貿易的視野，甚至後來還買下小川商行大部分股份。

戰後，吳火獅創設新光商行，新即代表新竹，光則是感念日人小川光定的提攜，可見得其看重人情義理的信念。一開始新光商行主要從事台灣與中國之間的商品貿易，但看準戰後需求，隨後改營紡織業，創辦新光紡織廠，逐漸發展成紡織工業，最後設立「中國人造纖維公司」，成為台灣第一家生產人造棉及人造絲棉的公司，也讓新光成為當時紡織業龍頭代表。

## 「保持現狀即是落伍」版圖擴充最快

一九六〇年代起，隨著台灣現代服務業興起，奉行「保持現狀即是落伍」信念的吳火獅，敢拚、敢衝，適時創立新光人壽，當時是最晚進入保險市場的業者，但比新光早成立的國泰人壽創辦人蔡萬春就已經向朋友預言，新光將會是最大競爭對手，爾後果不其然，新光人壽快速成長，不僅壽險占有一片天，還跨足新光產險、大台北瓦斯，甚至百貨、證券、銀行等事業版圖，發展成為今日的新光集團，可惜吳火獅一九八六年卻因心臟病驟然離世，第二代倉促接班，更埋下後來手足間紛爭不斷的種子。

自從吳火獅猝逝之後，四個兒子中，老大吳東進倉促接班，所幸新光老臣扶持，加上老三已經在新纖歷練，兄弟倆分進合擊，初期也還算平順，個性敢衝的吳東亮，更積極跨入金融界，投入台新銀行的發展，讓新光集團版圖橫跨製造、金融、服務等板塊。

隨著四兄弟陸續獨當一面，被新光老臣們形容是「春夏秋冬」的個性全都迥然不同，對事業的想法更是不一樣，少了吳火獅的發號施令，隨時都可能擦槍走火，但兄弟們因父親早逝，卻又最怕被外界說「兄弟鬩牆」而惹母親不開心。

## 四子個性春夏秋冬　兄弟鬩牆錯過壯大機緣

不過悶鍋悶久了也會變成氣炸鍋，從一九九六年新纖印鑑事件四兄弟就已經有了第一次的摩擦；二〇〇二年，吳東進主導的新光金以及吳東亮主導的台新金對外宣布準備合併，當時市場將這樁合併案視為台灣民營金融最完美、最具有前景的合併案，沒想到因為換股比例談不攏，最後只得無奈破局，留下的「兄弟爬山、各自努力、山頂會合」的著名名言，或許也正因為如此，讓其他家族有了壯大機會。

然兄弟之間的問題並沒有因此劃下句點，二〇〇四年因為吳東亮將吳東昇在台証證券人馬全數拔除，進而引發新纖董座之爭，引爆新光最嚴重的一場兄弟內訌，亮昇兩派人馬透過媒體隔空交鋒，爭議更延燒到家族其他股權，紛擾長達三個多月，最後才在母親吳桂蘭作主下，做了等同於分家的分工，但關係也降到冰點。

其中老大吳東進經營新光金控、新光人壽、大台北瓦斯、新光吳火獅紀念醫院。老二吳東賢經營新紡、新產、新光投信。老三吳東亮經營台新金控。老四吳東昇則經營新光合纖公司。但集團內紛擾多年，加上兄弟個性不同也讓主導的公司有了不同的發展。

## 十年後第二代尾牙再聚首　未來發展引聯想

慎重的吳東進帶領的新光金因以壽險為主，近年投資屢傳狀況，從美國次貸風暴損失慘重，後又在高價投資宏達電造成大部位虧損，導致近年獲利表現並不出色。而敢衝敢拚的吳東亮主導的台新金，當時大手筆買進彰銀，現在卻也因財政部對經營主導權有不同看法，而正對簿公堂；至於老二吳東賢主導的新紡、新產則交棒第三代，老四吳東昇在淡出政壇並取得新纖經營權後，則專心於產品轉型之役。

十多年之後，二〇一五年年初的新光金的農曆年旺年會上，吳東亮、吳東昇都到場祝賀，吳東賢雖因身體微恙未出席，但也派了兒子代表出席，更早之前，吳東進則已先帶著母親前往台新金尾牙祝賀，新光集團吳火獅一脈四兄弟在吳桂蘭九十五歲高齡這一年，終於出現難得闔家團圓的氣氛。

或許是經過時間的淡化、或許是想帶給老母親的安慰，或許也是新光吳火獅一脈已錯失了在金融版圖上的最佳合體時機，但無論真實是否是真和解還是表象，有了這第一步，也是對新光吳家未來發展埋下無限的可能與機會。

本文摘自《民報文化雜誌》第八期
（二〇一五年九月一日出版）

# 佃農之子台北淘金夢——國泰、富邦蔡家霸一方

林以安

二〇一五年《富比士》首度公布亞洲五十大富豪家族排行榜，台灣的國泰與富邦蔡家以合計一百五十一億美元（四千九百六十億台幣）財富榮登第八，投資中國的中國旺旺集團蔡衍明家族（六十九億美元，二千二百六十七億台幣）排名第二十四，是台灣唯二上榜兩個家族。來自苗栗竹南的蔡家，更是登上台灣的新五大家族之列，更是台灣重要家族中最早從金融起家的，也是當年那個鄉下小孩台北淘金夢的代表家族。

國泰、富邦的崛起都得拜當年那個在夜裡看著父親以桐油塗抹腳底，減輕因浸泡在水稻田裡龜裂流血的疼痛，而立志不想再深陷佃農的命運，從苗栗竹南帶著弟弟蔡萬霖北上打拚的蔡萬春，讓竹南蔡家澈底脫貧，現在甚至發展出國泰、富邦兩大金控，登上亞洲富豪榜。

蔡萬春因為家貧，直到九歲才上小學，得一邊幫父母賣菜，十五歲時，北上投靠靠親戚，從沿街替親戚賣菜開始做起，累積了些許資金，又看準當時館前路日本人群聚，做起雜貨店、百貨行生意，後來二戰爆發導致原靠日本供應的醬油與米醋一夕短缺，蔡萬春投入生

產的「丸萬醬油」及「丸萬米醋」大發利市，蔡萬春帶領著弟弟們大賺六十萬元，成為蔡家第一桶金。之後，蔡萬春把賺來的錢購買地，收租，逐漸的錢滾錢，家境漸趨穩定，也能夠給弟弟蔡萬才接受高等教育成為家族內第一個大學生。

## 參與十信經營在金融圈竄起

隨著財富的累積，再加上蔡萬春的交友廣闊，馬上成了他在事業上的助力，自己的努力再加上貴人相助，蔡萬春參與了前身為臺北信用組合，終戰後台灣人接收、改組，更名的「臺北市第十信用合作社」，亦即「臺北十信」，一九五七年更出任理事主席，後又在朋友林頂立的邀集下，跟上開放保險公司的政策，看準用「保單換紙鈔」的前景，一九六一年成立了國泰產險，隨後又在一九六二年成立國泰人壽，足見蔡萬春在新事業的衝勁。

自此，蔡萬春與蔡萬霖、蔡萬才兄弟開始擴張國泰事業版圖，包括國泰塑膠、國泰信託、十信、國信租賃、國信食品、大西洋飲料、太平洋實業、國泰建設、新來建設、國泰人壽、國泰醫院、來來飯店、來來百貨等等，國泰王國至此成形，與台塑集團在當時是台灣兩大企業，但台塑因專注本業，相對國泰蔡家勢力在商界可說無人能敵，當年的台灣首富非國泰莫屬。

## 蔡家國泰王朝與台塑王家成當時兩大集團

只是好景不常，一九七九年蔡萬春中風不得不退休，國泰集團也開始第一次分家，蔡萬春之子蔡辰男與蔡辰洲兄弟分得國泰信託集團、國泰人壽（但後來將國泰人壽與叔叔蔡萬霖交換獲得臺北十信），跟著蔡萬春北上打拚的蔡萬霖分得臺北十信與國泰建設（後來以臺北十信與姪子蔡辰男交換獲得國泰人壽），家族第一個大學生的蔡萬才則掌國泰產物保險。

但因蔡萬春之子蔡辰洲踏入政壇，結合政商界實力，雖然快速吸收存款，卻又大量投資房地產事業，再加上人頭超貸嚴重，終於引爆一九八五年的十信危機，各分社遭到嚴重擠兌，最後由合庫接管，還震掉好幾個「部長」，讓國泰集團背上汙名，蔡萬春之子蔡辰男與蔡辰洲被起訴，蔡辰男破產，負債新台幣上百億元，而蔡辰洲更因此病逝，包括來來飯店、蔡家的起家厝（敦南金融大樓）都拱手讓人。

## 分家早　反為十信案築起防火牆

所幸蔡家分家得早，差點被波及的國泰產險、國泰人壽等，由蔡萬霖一脈持續發展成現在的霖園集團。蔡萬才一脈當初取得的國泰產險與富邦建設，因經營理念與當時蔡萬春一脈頗為不同，已有自立門戶的想法，不過直到蔡萬春過世，才把國泰產險更名為富邦產險，並結合富邦建設、富邦租賃與富邦實業形成「富邦集團」，後來又趁國泰人壽股價達顛峰之際以平均每股一千五百元左右價格出脫國泰人壽持股，將資金用來設立富邦銀行，富邦投信以及富邦人壽等，正式宣告自成一金融集團。

## 從「驢仔甲」到兩大金融集團　台北淘金夢最佳例證

泛國泰王國從蔡萬春一台「驢仔甲」開始沿街賣菜起步，與兄弟打拚創造出兩大金融集團，儘管因經營風格不同，現在蔡萬霖一脈為主的霖園集團以及蔡萬才一脈掌握的富邦集團顯現出來的企業風格不盡相同，但在台灣金融版圖上依舊具有相當重要的地位，也代表竹南蔡家手足到台北發展事業的延續。

而當年受到十信案重擊的蔡萬春一脈，儘管一度淡出商界，但近年從美食、藝術、觀光產業切入，蔡萬春二房長子蔡辰洋默默創辦寒舍集團，不但引進艾美酒店（Le Méridien），打造寒舍艾美酒店，甚至把在十信案中丟掉的來來飯店（後更名為台北喜來登飯店）給買回來；而當年幾乎可以說是台灣首富的蔡萬春嫡長子蔡辰男也在中國投入餐飲業「蔡家食譜」的發展，還清債務後，更在台北開始「海峽會」餐廳的經營，多少算是重回了商界。

本文摘自《民報文化雜誌》第十七期（二〇一七年三月一日出版）

# 從茶農之家到台塑王國——王永慶為台灣寫傳奇

陳文蔚

「王永慶」三個字，不但早已是台塑王國的代名詞，更與台灣經濟連結密不可分，其奮鬥故事說是家喻戶曉也不為過。從茶農之孫、茶農之子，憑著小學學歷賣米起家到創建亞洲最大塑膠王國，一生奉行「勤勞樸實」，直到辭世前都還在視察業務。從這位出生於新北市直潭的小伙子到台灣首富的歷程，不只是上一代實業家的縮影，帶給當前年輕一輩的更是一幕幕創業家的典範與精神。

日治時期出生於現新北市直潭，王永慶父親僅為一介茶農之子，憑著祖父一席「種茶這行難以為生」的遺言，小學畢業後便出外打天下，遠赴嘉義米店當起小工，再靠著父親借錢作本錢，十六歲小小年紀便開起米店。

## 相信自己　堅持到底　打造出台灣塑膠王國

而年輕的王永慶在米店經營上便展現他的靈活和洞悉能力，為了從既有米店顧客群中殺出生路，營業時間比別人長，也做起送貨到府服務，套句現代用語就是相當能善用觀察收集而來的消費習慣與行為進行「資訊行銷」，進而垂直整合擴大米店規模。戰後台灣經濟開始發展，抓準機會投入木材生意，只是當時台灣山老鼠盛行，甚至因此遇上牢獄之災，還讓一起打拚的弟弟王永在坐了一陣子牢，讓他感慨不已，也因此決定轉行。

而適巧當時台灣有意推動石化工業，但當時台灣大企業永豐餘何家評估之後不願投入，反倒是仍名不見經傳的普通商人王永慶表示願意投資，雖然當時不少人並不看好，但身為門外漢的王永慶卻是自己親自拜訪專家、學者後，大膽決定投入。

王永慶沒有被外界冷嘲熱諷擊退，反倒於一九五四年與友人籌措了五十萬美元的資金，創辦了台灣第一家塑膠公司。果然投產後銷量遠不如預期，第一年差點倒閉，讓股東紛紛退出，他乾脆把股權全部收購過來，成為獨資公司，第二年更大膽投資成立自己的塑膠產品加工廠——南亞塑膠工廠，直接將一部分塑膠原料生產出成品供應市場，也因為價格降低，銷路大增，台塑與南亞規模越來越大。

## 奠定台灣化纖工業基礎　從此被稱為「經營之神」

爾後，王永慶又看上當時台灣最熱門的木材行業，因為砍伐之後留下來的樹枝等材料白白浪費，決定將此拿來生產人造纖維，替代天然纖維不足，台灣化纖工業公司因此成立，也奠定未來台灣纖維工業甚至布料、成衣產業的基礎，王永慶因而被當作台灣的「經營之神」。

隨著台塑規模的擴大，上下游垂直整合藉以增加成本競爭優勢，是台塑一貫的策略，而六輕的設立更是台塑集團競爭得以甩開對手的重要關鍵，只是這一盼從構想到實現也花了將近三十年，而為了六輕的設廠，王永慶曾轟轟烈烈地與當時宜蘭縣長陳定南一場公開辯論轟動社會，爾後王永慶祕密前往中國洽談「海滄計畫」更是引起社會議論，質疑台塑以出走中國換取六輕的建廠，讓台塑六輕再添不少話題，而最後台塑捨棄宜蘭利澤、桃園觀音、而選擇雲林麥寮，這個決定對台灣地方發展的影響甚鉅，甚至到現在還備受討論。

但六輕對台塑影響則絕對是三級跳的程度，更是台灣第一座民營煉油廠。二〇〇〇年時，台塑集團營收僅約五千億元左右，但從二〇〇〇年六輕第一期煉油開始量產、台塑石油開始上市後，到二〇〇七年集團營收就已經高達一點九九六六兆元，僅差一點點便突破兩兆，且來自六輕創造的營收便超過一半，二〇一四年集團海內外營收更達二點五兆元新高。

## 紀律嚴明　追根究柢　是台塑長期不墜重要原因

除了靠著努力不懈與意志力的堅持，打造台塑集團版圖，王永慶最讓外界印象深刻的就是儉樸的生活與追根究底的做事態度，像是台塑內部管理會議當中，只要王永慶質疑的問題，便會要求下屬拿出資料說明，嚴謹態度讓不少主管把管理會議視為畏途，集團內嚴格的紀律，更從台塑到關係企業的教育、醫療事業都如此，成為台塑集團鮮明的風格。

王永慶即便登上台灣首富，但生活的儉樸也經常為各界所樂道，大家都知道王永慶喝咖啡添加奶油球時，一定會再用小湯匙舀起咖啡再把奶油球刷一刷，不浪費任何一滴奶精；理髮則是只理髮而不洗髮；一台古董車一開就是二十年……，使得台塑集團旗下企業都因此奉行儉約、樸實的經營態度，辦公室能省則省，一張紙背面一定得用過才能丟，肥皂用到最後要收集起來再捏成一塊再用。只要在台塑任職過的人，都不敢違背這樣的風格。

王永慶倒是對行善相當大方，包括因父親因病早逝而創設醫療機構，因自己小時候無法繼續求學而設立教育機構等等，再加上以母親王詹樣名義成立的慈善基金會、公益信託等等，台塑在醫療、教育與慈善事業不遺餘力，也印證王永慶節儉儉己、慷慨助人的特質。

王永慶的奮鬥過程、與弟弟王永在的兄弟情深，都為世人所稱道，只是王永慶走得突然，導致身後問題橫生，除了原本的三房又冒出了四房，子女之間失和傳聞不斷，遺產分配也搞不定，恐怕都不是其在世會想像得到的結局。

本文摘自《民報文化雜誌》第十三期
（二〇一六年七月一日出版）

# 把員工當家人的黃烈火——這才是正港老味全啊

陳文蔚

二〇一四年頂新爆發黑心油事件，全台瀰漫「滅頂」風潮，市場一度傳出大股東頂新魏家有意出售味全持股，而創辦味全的黃家便首先被點名，也讓大家再度勾起味全創辦人黃烈火的片片回憶，深深緬懷這位一手打造味全與和泰汽車、支持棒球不遺餘力又熱心公益，影響直至今日的實業家。

在日治時期鹿港出生的黃烈火，或許基因裡早存在早期移民冒險犯難的精神，是善於經商的鹿港人重要的代表人物。幼年因父親早逝而由寡母撫養長大，年輕時最早與朋友前往日本做生意，但因不善經營倒閉後，又轉往中國發展，直到終戰後才回到台灣，是相當具有「鹿僑」（旅居外地的鹿港人）特質的代表。

## 橫濱輪胎與豐田汽車海外首家代理商

白手起家，一手創辦和泰與味全兩家企業，對台灣汽車與食品業都具有相當代表性，終戰後，黃烈火將在日本神戶創設的和泰商行在台復業，並瞄準戰後奇缺的交通器材貿易，不但引進日本橫濱輪胎，不久又成功代理日本豐田汽車進口，是橫濱輪胎與豐田汽車第一家海外代理商。

隨著汽車、輪胎代理業務漸入佳境，黃烈火也投入當時民生需求的味精生產，創設和泰化學，但隔年即更名為味全食品，並決定收購位於楊梅埔心的台北牧場，更名為埔心牧場，投入乳業生產，還首創契約收購生乳，讓農民收入得以穩定，對農村經濟有著重大的貢獻。

## 「北味全、南統一」稱霸食品業

當年為了全力衝刺味全食品，黃烈火將和泰汽車交給另一大股東蘇燕輝經營，當年蘇家透過黃烈火與豐田的交情經營和泰，讓黃烈火專心經營味全，兩家深厚情誼，完全的信任與無私，透過分工合作，分頭經營味全與和泰，黃烈火全力投入味全的經營，從最早的味精、醬油、醬瓜到乳品、飲料等等，不但使味全成為台灣第一家上市的食品股，也讓味全博得「北味全、南統一」的盛名，稱霸台灣食品業。

而當年黃烈火親手將和泰汽車董事長職務交棒給時任副董事長的蘇燕輝，黃烈火長子黃克銘任副董事長。現在則是再由蘇燕輝手中把棒子交給黃烈火么兒黃南光，同時蘇燕輝的獨子蘇純興則是接任總經理，當國內大企業在創辦人辭世後每每陷入經營權之爭的當下，和泰蘇黃兩家的和諧共治，至今仍是商場上的佳話。

## 寬厚待員工　老味全人印象深

黃烈火儘管對員工工作要求嚴厲，但與員工互動、對待員工的寬厚、優渥的福利，一直是老味全人心心念念的情景，曾經在滅頂風潮高漲時，味全資深員工便曾感慨「過去味全黃家把員工當家人，（頂新）魏家只把員工視同生產機器……但員工沒有選擇老闆的權利」，擔心六十多年的味全就此崩壞。

看著和泰的和諧，對照一手創辦的味全，最後卻因後代兄弟鬩牆而於一九九八年痛失經營權，是黃烈火一生的遺憾。儘管取得經營權的頂新魏家，一直以「尊黃」方式與黃烈火取得不錯的互動模式，但看著一手打造的味全食品一夕拱手讓人，黃烈火也曾在出版的回憶錄《學習與成長》提及，「做企業畢竟是一種長途賽跑，很難說什麼地方是終點、什麼地方最巔峰。所以『我也不免犯錯，而致把一生辛苦創建的企業（味全），將經營權拱手讓人，這種內心的痛不是一般人所能體會的』」。同時還檢討自己打拚事業最大的錯誤，就是沒有及早培養接班人。

雖然黃烈火創辦的味全，現在被網友視為是「滅頂」的頭號目標，但黃烈火在事業顛峰之際選擇退休投入公益活動的影響，卻至今仍影響著社會。

## 痛失味全經營權成最痛　投入公益影響深

黃烈火與許許多多成功的鹿港商人一樣，當衣錦還鄉時，便大力照顧家鄉，進而擴大到回饋社會公益，卸下味全董事長職務之後，更是全力投入公益活動，幾乎把大半財富捐助設立四大基金會，包括味全時期即創立的「純青社會福利基金會」、「味全文教基金會」、「純青嬰幼兒營養研究基金會」以及後來獨資創設的「黃烈火社會福利基金會」等，大量投入社會公益活動。

黃烈火一生靠著他的堅持與執著，創辦的兩家公司至今仍是台灣產業重要代表，另一方面，打拚事業之外，念茲在茲的就是希望推廣「美好人生，祥和社會」的理念。對於各大公益基金會，黃烈火更是要求執行者，做事的時候一定要用最好的東西做到最好，要求執行者不要怕花錢，力求將好的事情做到最好，但對於自己居家起居卻是僅求夠用、能用就好。

不只對社會，黃烈火對於家鄉鹿港的照顧更是不遺餘力，特別是對於中小學的軟硬體需求，經常都是黃烈火大方捐助，是鹿港眾所皆知的「大善人」。而「黃烈火社會福利基金會」，也是台灣相當早就投入偏鄉兒童照顧與中小學生課後輔導照顧的公益團體。

如今逝者已矣，但創業精神與典範卻是長留於大家心中，而四大公益基金會對台灣的貢獻，也還持續著。如果黃烈火在世，看著如今味全的產品竟成了過街老鼠人人避之唯恐不及的局面，心中之痛或許你我都能感同身受。

本文摘自《民報文化雜誌》第十二期（二〇一六年五月一日出版）

# 施振榮三度改造——用「王道」讓宏碁重返舞台

陳文蔚

如果說王建民重返大聯盟是台灣人在逆境中永不放棄的最佳勵志典範，那麼宏碁經歷三度改造而起可能就是台灣企業走品牌之路最寶貴的一課，而幕後推手鹿港囝仔施振榮更是用「王道」向外界證明自己不但不是「PC Mode」（PC 思維），就算要騰「雲（雲端）」駕霧也可以！

二〇一三年是宏碁創設三十八年以來最難堪且最低潮的一年，當年第三季財報公布之後，董事長王振堂請辭、隨後連執行長翁健仁也請辭，當時已經年近七十的「Stan 哥」在退休已經十年後，再度被迫重披戰袍，面對的是二〇一三年度結算高達兩百零五億元的史上最大虧損。

## 回鍋重掌兵符　卻遭唱衰恐合併

二〇一四年一月十七日，宏碁財務長何一華在證交所公布這個難堪的營運數字後，立刻宣布高階主管從當月起減薪三成，直到營運好轉，各媒體的評論則紛紛質疑：「施振榮還可以重振宏碁嗎？」、「兩度改造之後，他還有什麼法寶？」，甚至不少懷疑老驥伏櫪的施振榮，思維恐怕還停留在PC時代，也有唱衰的分析師直指，宏碁要再起，恐怕考慮與其他人合併才有機會。

面對各種質疑的聲浪，肩負宏碁第三度改造的施振榮淡淡回應批評表示，自己退休以來在外接觸領域廣，腦袋早就不是「PC Mode」，同時大砍外籍肥貓，降低人事成本轉而招募雲端人才，宣示「硬體＋軟體＋服務」是宏碁未來發展三大主軸。

這不是宏碁創立以來的第一次變革，一九九二年當宏碁以Acer品牌進軍全球之際，卻因大肆併購導致虧損連連，施振榮提出「微笑曲線」，結合海外合作伙伴走向全球品牌；二〇〇〇年時又因為PC本業不賺錢，因而決定分割品牌與代工，一舉分出「宏碁集團」、「明碁集團」與「緯創集團」，兩次的改造都從質疑聲中走來，但時間卻也給了施振榮路線肯定。

## 品牌之光使命感　要將宏碁導回「王道」

這次，施振榮回鍋救援，他在《新時代・心王道》書中透露，「當年重回宏碁擔任董事長兼執行長，老實說，我抗拒許久，宏碁在二〇一一年產生危機，我堅決不介入經營決策，我認為，領導人交棒了，就不要再想復出，安心放手；即便是二〇一三年，宏碁因連虧三年，處在最艱困時期，我仍不願回去。」施振榮表示，自己掙扎半年之久，最後因自覺必須善盡個人社會責任，不能坐視讓大家印象中的台灣品牌之光宏碁面臨消失危機，只好勉強回去。

他強調，回鍋並不是回去「救宏碁」，而是回去把宏碁「導回王道」正途，「王道」是施振榮這幾年積極推廣的經營哲學，強調「創造價值、利益平衡、永續經營」，透過六面向來評估事物的總價值，從經營者角度來看，王道對領導人的意義在於提供一個可以創造價值且利益平衡的機制與環境。

由於王道看似烏托邦的理想，每每被質疑是否能與資本主義的「霸道」世界存在，施振榮認為，這次回鍋宏碁或許是老天爺給他機會去證明自己的理想。他把「王道」的概念落實在改革當中，要求團隊要在PC生態陷入瓶頸下，必須走向軟體＋硬體與服務，才能找到更高的附加價值，並從改革組織、產品年輕化、重塑品牌形象等等做起，一點一滴地累積，終讓原訂八個月後退出的施振榮，提早在七個月便得以交出董座位置，僅保留宏碁自建雲（BYOC）首席建構師，持續推動宏碁跨入自建雲的目標。

## 改造交出成績單　堅持與努力堪後輩借鏡

如今宏碁已經從二〇一四年第一季開始轉虧為盈，二〇一四年全年也開始賺錢，至今已經連續八季獲利，不但準備在五月下旬召開睽違兩年多的法說會，今年也恢復配息零點五元，並且準備重返聯貸市場籌資，顯示營運體質的確好轉，不管是對老驥伏櫪的施振榮，抑或是臨危授命再出江湖掌舵宏碁的董事長黃少華，以及從台積電空降宏碁「救火」的執行長陳俊聖而言，都是一份最棒的禮物。

對一手創辦宏碁，又三度改造宏碁的施振榮而言，意義更為重大。一路走來，從在鹿港與寡母相依為命，從中學習經商之道，到創辦宏碁，領軍走過三次危機，證明「Stan 哥心理的確還年輕」、也印證了 Stan 哥座右銘「挑戰困難、突破瓶頸、創造價值」以及「Me too is not my style」的作法，直到可以隨心所欲之年仍不懈怠的努力與堅持，足堪後輩學習、借鏡。

本文摘自《民報文化雜誌》第十二期
（二〇一六年五月一日出版）

# 追憶一個台美人的奮鬥傳奇——王桂榮

劉明堂

王桂榮出生於台北大稻埕，祖父王圓白手起家，經營磚瓦生意，乃大稻埕富商。父親早逝，就讀中學時，他為了賺取零用錢而販賣洋菸，和林江邁在台北市延平北路近南京東路口的天馬茶房與黑美人酒家的牌樓前當小販。因而親眼目睹林江邁與與查緝私煙的官員爆發衝突的過程，除了林江邁被槍托擊頭而倒臥血泊外，警察也失手開槍打死無辜民眾陳文溪，隔天便骨牌效應般引爆震驚全球的二二八事件。

一九五三年，王桂榮畢業於台灣省立行政專校財政科（國立臺北大學法商學院財政系前身），隔年進入台灣省政府財政廳，擔任稅務員。一九五五在台南空軍基地擔任美軍顧問團編譯官，開啟了王桂榮與美國的聯繫。一九五七年開始經營醫藥事業、進出口公司、製藥廠，先後成立大東亞化學醫藥供應社，從事西藥原料進口與批發；宇星行，出口台灣產品，並從事中央信託局投標之業務；經營宇星西藥房、安星貿易公司、七星製藥廠、安星製藥。一九六八年被台灣《英文中國郵報》（*The China Post*）報導為成功的台灣商人。一九六九年八月自設功祥原料行，乃王桂榮創立以功祥為名的企業集團的發軔，隔年創立功祥貿易有限公司。

一九七一年台灣被逐出聯合國、台美斷交，讓他萌生移民念頭，王桂榮說，移民海外是出於台灣恐將淪入中國統治的恐懼，他指出，當時恐懼中共政權的統治是絕大多數台灣居民的共同心理。他原來的計畫是移民巴西，可是卻因故意外地拿到巴拉圭的居留身分，最後卻在攜家帶眷過境美國、準備前往巴拉圭安家落戶時，臨時決定申請移民美國並留在美國發展，一九七三年三月十九日舉家移民美國，定居洛杉磯。

赴美定居後，投資旅館事業與房地產，一九七四年八月買下第一家旅館 Newland Motel，組建南加州台灣旅館同業公會，這也是王桂榮與南加州的台美人組建的第一個社團，連任四屆會長。之後分別買下 Long Beach 市的 Outrigger Inn、Montebello 市的 Holiday Inn，一九七九年八月二十四日正式入籍美國。

一九七九年王桂榮擔任台灣同鄉會組建的南加州聯邦信用合作社的理事主席一職，參與台灣老人會之籌備，創立南加州台灣人社團協調會。一九八〇年，王桂榮和台灣同鄉共同為美國民主黨總統候選人泰德・甘迺迪參議員舉行大型募款餐會，創立洛杉磯台美商會，連任三屆會長。與台美人同鄉合辦台灣人在美國的第一份報紙——《亞洲商報》，擔任董事長三年。

一九八一年代表台美人社團，前往華府，為台灣爭取每年兩萬名的移民配額。一九八二年，王桂榮捐出一百萬美元成立台美基金會，以獎勵「關愛台灣、認同台灣為故鄉」之傑出成就人才，設立「科技、人文、社會服務」三獎項。同年與蔡同榮、彭明敏、陳唐山等人合創台灣人公共事務會，專門在美國國會替台灣事務做遊說的工作；所以台灣有很多議題在美國引起那麼多的重視，就是因為FAPA遊說美國國會議員，提升台灣在國際上的地位。

王桂榮熱心參與公共事務與慈善事業，擔任萬通銀行副董事長、名列一九八一至一九八二加州名人錄、獲索拉茲眾議員頒發台美人社區人道主義與社團領首獎、獲洛杉磯市長獎、獲加州州務卿獎等。一九八三年擔任萬通銀行控股公司董事長，參加世界華商金融會議，並以南加州華資銀行團副團長身分，率六人小組，前往台灣，向台灣政府爭取外匯存款。

在美事業有成的王桂榮，關心台灣民主運動發展，他主張與堅持「台灣法律地位未定」、「台灣主權的歸屬由台灣人民決定」以及「台灣前途以『一中一台』的模式解決」。一九八五年與若干台美人共同設立郭雨新和平紀念獎，以獎勵獻身台灣民主運動的傑出人士。一九八六年擔任民進黨海外組織副主席，陪同許信良、謝聰敏、林水泉遷台闖關不成。

一九八七年與洛杉磯地區的台美人楊嘉猷及曾輝光訪問中國，在中南海與中國國家主席楊尚昆對談台灣與中國問題。一九八八年被推選為FAPA代理總會長，接著出任總會長，移住華府辦公室；參加民主黨全國委員會財務會議；前往中國福建廈門大學訪問，追問「台灣自古屬於中國」一說之來源；代表FAPA訪問日本國會，談論台灣問題；以FAPA會長的身分，被參議院少數黨領袖共和黨籍參議員杜爾（Bob Dole）提名、並由國務卿貝克（James A. Baker）具名邀請，參加「共和黨參議院核心團會議」；之後並被李登輝總統聘為國是會議代表，也應邀參加第五十二任美國總統柯林頓與副總統高爾就職典禮；二〇〇四年獲陳水扁總統聘為台灣的總統府國策顧問。

從目擊二二八事件的小販，到成功的美裔企業家，之後投身於海外民主活動，為台灣發聲，王桂榮愛台灣的心、為台灣奉獻的情，從未歇止。二〇一二年二月十一日病逝於台北市臺北醫學大學附設醫院，享年八十二歲。他的故事是台灣民主發展的縮影，更是後進的楷模。

本文摘自《民報》網站

（二〇一六年二月十五日出版）

# 白宮經貿顧問徐福棟——身體「漸凍」愛台灣心永熾熱

林冠妙

台灣民主前輩、前「白宮經貿顧問」徐福棟博士，今（二〇一五）年五月六日不幸因罹患俗稱「漸凍人」疾病，導致器官衰竭，病逝於忠孝醫院，享壽八十歲，明日（五月三十日）下午兩點將於濟南教會舉行追思會，徐福棟長期以來鼓勵、支持年輕人參與公共事務，去年還坐著輪椅、拖著病軀到立法院力挺太陽花運動。

徐福棟，苗栗公館客家人，一九三六年生於彰化，在花蓮長大，一九五九年臺大土木工程學系畢業，一九六一年赴美國奧克拉荷馬大學攻讀土木工程，不到一年時間就取得碩士學位，一九六八、一九七一年又拿到開士工程學院（Case Institute of Technology）管理科學碩士、堪薩斯州立大學工業工程及管理科學博士學位。

## 經貿專業受肯定　列美國金融及工業名人錄

取得博士學位後，徐福棟於密西根州偉恩州立大學（Wayne State University）擔任管理科學助理教授，同時於工學院、商學院授課，並成為美國工業工程學會第十三屆年會總召集人、一九七二年當選為偉恩州立大學工學院「年度最佳教授」，一九八一年被列入「美國金融及工業名人錄」、又陸續擔任華盛頓「台灣經濟貿易會議」總召集人、華盛頓「美亞經濟協會」理事長等。

徐福棟在家中排行老么，從小倍受疼愛，是林茂生的女婿，夫人林詠梅是台灣第一位哲學博士、美國哥倫比亞大學哲學博士、「臺灣文化協會」核心成員、創辦《民報》、二二八受難者林茂生的千金，育有一對兒女。

## 組同鄉會參與FAPA　投入政治運動替台灣發聲

「台灣人比黑人還不如，黑人很早就有民權運動，而台灣人竟什麼事也無法做」，徐福棟二〇〇〇年接受《新觀念雜誌》專訪時曾感嘆，他對政治的關心與投入，是遺傳自母親，母親稱得上是時代新女性，當年第三高女第一屆畢業生，也是少見的台灣籍女教師，一直到九十八歲高齡，仍然每天關心政治，並不時發表獨到見解，在耳濡目染下，積極投入民主運動，關心政治、自由、民主、人權。

徐福棟組織「紐約同鄉會」，擔任創會會長，參與台灣人公共事務會、北美洲台灣人教授協會等，致力於台灣的民主與人權、建立台灣主體性、提昇台灣國際地位，並為參、眾議員、州長、總統選舉等募款，遊說其支持有利台灣的法案，替台灣發聲、爭取國際支持。

## 國民黨列黑名單　飄泊三十六年無法返台為父奔喪

因積極參與政治活動，徐福棟在一九七八年被中國國民黨列為黑名單，在美國三十六年，有家歸不得，連父親過世都無法返台奔喪，但他還是想盡辦法、透過各種關係及工作機會，突破中國國民黨限制，短暫回到台灣。

## 柯林頓白宮經貿顧問　參加G7工業國高峰會議

徐福棟活躍於華府政治圈，一九九三年擔任民主黨全國委員會理事、參加東京G7工業國高峰會議，一九九四年參加雅加達APEC亞太經合會、一九九四~一九九六擔任美國柯林頓總統任命之「白宮貿易政策談判顧問委員會顧問」，是唯一的亞裔人士，該委員會每個月開一次會，曾對台灣加入GATT、WTO等國際組織進行討論，向柯林頓提供建議報告，並運用策略，讓中國沒有機會否決台灣成為WTO會員。

## 林茂生愛鄉基金會　推廣永續發展致力台灣文化

一九九六年三月，飄泊了三十六年後，徐福棟終於和夫人林詠梅一起回到念茲在茲的家鄉，在台灣定居，長榮大學禮聘擔任副校長，並教授國際企業，為台灣注入國際性的經貿觀點，出任「林茂生愛鄉文化基金會」第一任董事長、成立「新台灣永續發展委員會」，推廣「永續發展」理念，參與台灣教授協會、北社等民間社團，藉由文化、教育、學術及社會關懷等方式，提昇國人對鄉土之認同。

## 願景青年行動網協會　推展青年公共參與、國際觀

徐福棟關心台灣，也關心台灣青年，到各處向青年發表演講，傳遞信念，分享二十三歲當年，帶著三百美元勇闖美國的故事，擔任願景青年行動網協會理事長，致力推展青年參與國際事務、培養國際觀，鼓勵青年多看ＣＮＮ、*New York Times* 等國際媒體，了解國際局勢。

徐福棟後來講話變慢，舌頭不靈活，林詠梅受訪時表示，在美國時找了很多醫生，但都沒有查出病因，只針對語言進行治療，一直到二〇一三年六月才在台灣被診斷為「肌肉萎縮性側索硬化症」（ＡＬＳ／俗稱「漸凍人」），開始朝此方向進行檢查。

「漸凍人」是一種會殺死運動神經元的疾病，侵襲全身從脊髓延伸到肌肉的神經細胞，當運動神經死亡，腦部就無法控制肌肉的運動，疾病最末期，會完全癱瘓。

## 身體「漸凍」心熾熱　力挺太陽花用生命愛台灣！

林詠梅指出，「漸凍人」是無法治療的，但她不想把先生送到療養院，所以與他一起住在醫院附近，陪著他、照顧他，又遇到好醫生，提供良好的照護，她說，有些人的情況是從腳無法行走開始，徐福棟是從喉嚨開始，因喉嚨肌肉萎縮，漸漸呼吸困難，他的病程變化很快，發病不到兩年，最後因心臟、腎臟等功能衰竭，不幸病逝於忠孝醫院。

長期來鼓勵青年關心社會、政治上不正義的事、建立世界觀，運用自己的影響力為台灣發聲的徐福棟，去年三一八期間，還坐著輪椅、拖著日漸疲弱、萎縮的病軀，到立法院太陽花運動現場，聲援、力挺學生，替他們加油打氣，身體「漸凍」卻有一顆熾熱的心，溫暖的照亮前進的方向，用他的生命與熱情愛台灣！

本文摘自《民報》網站

（二〇一五年五月二十九日出版）

# 自由車王國推手郭淵源

張德南

郭淵源一九一九年（大正八年）出生於北門外崙仔（今愛文街），一九三二年新竹第二公學校第二十八回畢業後，在大同路日人經營的「期米店」工作，兼理代書業務。兩年後轉入中山路縫紉機工廠任職，後因營業結束，轉往新竹鐵工廠工作。約於一九三五年（昭和十年），在南門租店開設「自轉車」店，由從未當過學徒，而逕行擔任老闆，經好友先覺自轉車店的李漢琛之助，得以漸次熟悉維修與批貨業務。

十五歲時開始養鴿（鳩），開店後不久，擔任「新竹勇鳩會」事務長。戰爭爆發後，基於軍事需要，新竹的養鳩協會合併為「臺灣軍用鳩協會」，擔任主事、台灣區評議員和比賽審查委員。在物資管制時期，代辦飼料配給，在新竹州防空演習中，提供傳遞信函和情報的通信鴿，完成任務，當時配發「總監部」臂章，通行無阻，甚為風光。此時在新竹乘馬俱樂部學習騎術，戰時動員下，俱樂部改為青年團騎兵訓練所，每天練習一小時，培訓作戰技巧。

## 經營明源車行　總經銷幸福牌自行車

一九四〇年（昭和十五年），日本開始動員地方青年組織，奉公班（後方服務）強化運動開始，七月新竹州決定將公學校十五到二十五歲的畢業生全部編成青年團。郭淵源加入南門地區青年團，為奉公班幹部，透過奉公班系統進行物質管制。當時南洋地區（菲律賓、新加坡、印尼）已被日本占領，希望能藉由學習外語後，擔任志願「通譯」到海外見識發展，亦可免於軍伕徵調。經過約六個月的馬來語補習訓練後，報名參加南洋通譯工作。一九四三年（昭和十八年）底，由台灣軍司令部通告，輾轉到達蘇門答臘，分發到北部的村山部隊富兵團，支援日軍翻譯。

由於隸屬的軍司令部警備隊，並非前線作戰部隊，除移防外，工作較為清閒，平日擔任日本兵與住民間翻譯，慶典節日翻譯部隊長對民眾演講內容。日本政府鼓勵當地公務員講日語或訓練當地土著為「兵補」時，則擔任翻譯訓練課程。戰爭結束後，一九四六年十月遣返回新竹。

戰後先後在中央路、中正路、東門街經營「明源車行」，擔任台製幸福牌自行車總經銷及伍順牌代理商，獲利甚豐。同時經營鳥類（金絲雀、十姊妹）進口生意，因得到兵庫縣友人之助，每週兩至三次，每次兩百隻的鳥類，在通關後，未及運到新竹前既已售盡，利潤甚鉅，也因此購置高價相機，獵取五〇、六〇年代產業、街道、建築及庶民生活等影像。

一九五九年，新竹縣第一次承辦省運會，新竹縣腳踏車公會決定參加自由車比賽。公會出人出錢贊助，在理事長周清池及理事郭淵源奔走下，臨時組成的車隊，獲得團體第四名，當時的指導（教練）郭淵源從此全力投入，為新竹開啟自由車王國之路。

## 憑藉熱心 為新竹開啟自由車王國

郭淵源不是選手，沒有比賽經驗，也未曾接受自由車專業訓練，憑藉無比熱心，到處去探問，研究比賽和裁判規則，運用熟練的日文，不斷地從體育期刊、雜誌論著中，了解自行車運動的觀念與技巧，不時提供給選手。每天下午四、五點鐘下班後，到新竹公園指導練習，手持碼錶，仔細記錄選手每一圈的速度，稍有惰怠退步，立即提出告誡。充分了解選手的專長及體能，在比賽時做適當的人選調配。

為了提升鬥志，以追逐賽替代公路賽的練習方式，在競爭追逐及觀眾注視下，強化選手的求勝心。為了克服沒有進口比賽車的劣勢，借用進口跑車，參考日本書籍，繪製圖樣，公會幹部們委託小工廠以土法煉鋼，仿製替代比賽用車。家境清寒選手的用車及車隊訓練費用，亦多由其車店及鳥類買賣利潤中支助。在公會及郭氏的努力下，自一九六三年開始，新竹縣自由車代表隊，創下了二十年內，連續拿下了十五次省運團體冠軍的紀錄，當時只要一提到新竹，就立刻聯想到自由車。

一九六〇年代中期，由於擔任省級裁判多年，不便擔任地區教練，由趙惟程接手，轉入幕後推動。為了解決自由車隊長期困擾的練習場地問題，不斷地向自由車協會理事長蕭自誠爭取在新竹修建自由車場，並推薦徵收十八尖山下縣有土地，終於在一九七七年省運時，啟用國際標準的自由車場，在該屆省運擔任自由車裁判長後，淡出自由車運動，其長期對自由車運動的奉獻，被譽為「自行車開山宗師」，令人感念不已。

六〇年代以來之腳踏車店，其性質由交通工具轉為休閒運動器材，生意大不如前，後因投資聖誕燈泡業不順，轉以進口賽鴿藥品、營養品為主。一九八四年，整理鴿舍時不慎摔斷腳骨，從此行動不便，深居簡出。二〇〇八年去世，享年九十歲。綜其一生，喜好在賽鴿、騎馬、自由車賽、攝影等與速度競快，表現令人嘆服。

本文摘自《民報文化雜誌》第八期（二〇一五年九月一日出版）

# 亞洲遊艇王——呂佳揚要躋世界前五大

陳俊廷

台灣是世界主要遊艇出口國，雖然中國崛起慣用「抄襲、模仿」進行低價戰，嘉鴻遊艇集團總裁呂佳揚戒慎但不畏懼地說，從世界看台灣，強化「品牌創造價值」ＭＩＴ的遊艇品質已享譽國際，他完全「不怕中國競爭」！

二〇一四年五月八日至十一日的台灣國際遊艇展在高雄展覽館舉行，而創造這場盛會的最大推手是當時擔任臺灣遊艇公會的理事長呂佳揚。

## 提昇品質　打造亞洲最大豪華遊艇廠

被稱作亞洲遊艇王，可不是浪得虛名，其率領的嘉鴻遊艇集團，是第一家以集團化方式生產遊艇的公司。呂佳揚拉起的這條遊艇供應產銷鏈，將集團推上亞洲最大、全球第六大造船廠的寶座。

高雄海洋大學造船系畢業的呂佳揚，三十歲就當上廠長，破了業界紀錄，嘉鴻遊艇集團原是一家員工三十人的造船廠，現在已是員工逾千人的遊艇集團，並發展成包含複合材料、內裝家具等公司的企業，並以「Horizon」品牌，提升臺灣品質形象，成為亞洲最大的豪華遊艇廠。嘉鴻期望藉著「Horizon」的名號，躋身世界前五大船廠之列，對走出自己的路深具信心。

為迎接世界各國遊艇業界造訪高雄，呂佳揚發起臺灣遊艇公會所屬會員自籌上億元經費，配合國際遊艇展期在館外興建全國首見非以「樁柱固定」的浮動碼頭，最多可停泊四十艘各式遊艇。高雄人頓時發覺原來高雄碼頭變的這麼漂亮，真的很有海洋首都的FU……。

亞洲新灣區是高雄轉型蛻變的關鍵，率先完工的高雄展覽館，具有指標意義，高雄展覽館的後方連結高雄港航道的二十二號碼頭位處灣區中心樞紐，這座新穎的遊艇碼頭提升高雄「海洋首都」的國際視野。

## 遊艇製造　台灣全球第六

台灣遊艇產業在一九六〇年代早已萌芽，而港灣城市高雄的海洋產業也從打撈沉船、拆解船體的拆船業，演變為軋鋼業，為高雄重工業發展打下基礎，中鋼、中船的成立，更成功串連起造船業的上下游產業鏈，加上周邊臨海與大發工業區等鋼鐵、金屬加工業之產業園區輔助，高雄擁有全國絕佳遊艇建造和輸出的有利條件。

根據《ShowBoats International》雜誌公布之二〇一四年全球大型遊艇訂單資料顯示，台灣以船身合計總長度五千六百五十六英尺，名列亞洲最大、全球第六大遊艇製造國，受到世界頂級遊艇買主的矚目。沒錯，近年來，台灣遊艇產業成為全球時尚產業的亮點，單價高、客製化、豪華舒適的大型遊艇（八十英尺以上）是目前世界遊艇產業的發展趨勢，很多國外名人遠渡重洋飛來高雄，高雄廠商展現的高技術水準，隨著外銷訂單的逐年成長，轟傳全世界。

目前全台三十五家專業遊艇製造廠，重要的廠商都選擇在高雄設廠，全台遊艇約有九成均由高雄港裝船出口。呂佳揚說，台灣受制於傳統的管制，無法提供友善的海上休閒環境，所以台灣民眾的海上休閒停留在海釣及賞鯨。透過「二〇一四台灣國際遊艇展」的成功舉辦，終於讓高雄人知道，高雄真的是「海洋首都」，高雄遊艇是台灣的優勢產業。

呂佳揚說，台灣遊艇產業成功的一百哩路中，我們已經默默努力五十年，走了二十哩路，此次台灣國際遊艇展的成功舉辦，我們又向前邁進了十哩路，未來在中央及高雄市政府與業者的共同努力下，台灣的遊艇產業一定會成功。

本文摘自《民報文化雜誌》第二期
（二〇一四年九月一日出版）

# 苦讀日語　鰻魚女達人郭瓊英

鄭光哲

鰻魚達人郭瓊英，擁有鰻魚養殖四十多年經驗，是鰻魚界的東方不敗，同時也是身兼台灣區鰻魚展基金會董事長。

在台灣不論鰻魚出口價格如何波動？鰻苗的捕獲量如何變化？郭瓊英確能運用於一般漁民及鰻苗養殖業者所無法控制的出口市場脈動，建立了屬於女人當家的鰻魚王國。並且整合國內超過一百多個養鰻家庭，在她所創立的台灣第一個鰻魚外銷自有品牌——旺生。

## 苦讀日語　使命必達

一九七五年，高商畢業的她才二十一歲，憑著優異的成績進入日商公司當會計。公司從事進出口鰻魚的生意。在當時沒有資格失業的她，日夜苦讀日文，只擔心會錯聽老闆說的交辦事項造成公司的損失。從此，她一人分飾多角，包辦了會計、翻譯、甚至是所有貿易進出口文件的工作，默默地累積了十四年的貿易實力！

一九八九年，日本泡沫經濟後日商撤資，包括她在內的員工全遭資遣。於是郭瓊英挾著多年的工作經驗與鰻魚專業，把唯一的房子抵押向銀行貸款了一千多萬元，決定自己當起老闆。不知道別人是否能認同她以女性身分來角逐鰻魚市場，但郭瓊英很清楚，不建立差異化，就無法在眾多男性競爭者中生存。所以創業初期，她就決定朝自創品牌的方向走下去，就算是半年付不出員工薪水，她也沒想過要放棄。

頂級活跳跳的鰻魚。貫穿一生的哲學，媽媽教她要懂得吃虧；建立品牌的先決條件「品質穩定、價格穩定、供給穩定」，缺一不可。

## 穩定信譽　懂得吃虧

長期接觸日本市場的她深知，要在價格波動大的鰻魚業立足，就得「穩定信譽」，簡單的四個字，做起來卻很難。

郭瓊英能不被台灣鰻魚產地的行情左右，只求賺取合理利潤。面對眼前龐大價差利益她不會心動，她選擇遵守承諾，來建立和客戶、供應商之間的穩定信譽，也奠定了長期獲利的基礎。除了說到做到，還要「懂得吃虧」，這個觀點成為郭瓊英穩穩立足於鰻魚業重要關鍵。

不同於台灣大部分養殖同業都是「看天吃飯」，郭瓊英領悟到企業要永續經營，「看人吃飯」更重要，擁有信任，才能在這個供貨不穩定、品質不一定、價格不固定的市場，殺出重圍，贏得信心保證。

「養殖的漁民也要把他照顧好，他不養鰻魚，我們可就沒有鰻魚可以出貨了！有時候盤商砍他們的價格，我們可不要這麼做，漁民養殖戶就知道我們經營的理念跟別人不一樣，是不會坑殺價錢的。」郭瓊英爽朗地說。養鰻囝仔就要像養自己的小孩一樣，並且要見好就收，郭瓊英對鰻農的選擇及品管要求甚多，除了要依照她指定用非企業養殖方法養鰻，飼料還必須使用前置作業費時精緻的粉料才行，要吃粉料，鰻魚的皮肉才會肥又亮。

## 鰻魚的四尾中心理論

此外，深諳日本「四尾中心」理論的郭瓊英，只要產地養殖者的鰻魚符合該規格，就要收手搶市。因為日本人在二十四個節氣中大暑過後的第二個丑日，有食用鰻魚習俗。當地喜歡買每公斤「四尾」大小的鰻魚，其展開後剛好覆蓋滿餐盒表面。

郭瓊英是第一個帶著鰻魚去日本插旗子的女老闆，她大聲告訴日本人台灣鰻魚有多好吃，等級有多高，在郭瓊英去日本宣傳前，是沒有人知道。

透過農委會漁業署的國際合作補助，郭瓊英以農委會下設的「財團法人台灣區鰻魚發展基金會」董事長的身分到日本宣傳。記者會場上，一個來自台灣的女老闆，展現出鰻魚達人一手抓起鰻魚尾巴的功夫，造成日本媒體界的轟動。她的這一抓，把台灣的鰻魚養殖業推上國際舞台，並創下台灣鰻魚價格史上新高、無人能比。

郭瓊英，靠「獨一無二的價值觀及親近台灣土地的心」，建立了屬於郭瓊英的鰻魚王國與台灣農漁業密不可分的宿命，她的一段話，為住在台灣的你我開了另一扇窗：「台灣政府應該回歸於天然的農漁業發展及讓更多的台灣人重視天然環境的可貴，好讓生活在台灣這塊土地上的百姓們，最起碼可以做到吃得安心、用得安全自給自足，人有土地，肯做，就有飯吃。」

本文摘自《民報文化雜誌》第十二期（二〇一六年五月一日出版）

# 詹其力　追求百年幸福企業的理念

## ——「感謝報恩〈共生共榮〉利益」

鄭光哲

### 員工即家人的經營理念是詹其力追求百年幸福企業的精神

詹其力出生彰化花壇，自小於貧窮的農村鄉下，親生父母因為無力扶養就送給了住在永靖的詹姓舅舅，改姓詹，舅舅一手把他扶養長大，並成為世界最大冷氣類端子台供應商的「合璧工業股份有限公司」董事長。

詹其力認為，如果企業有自己的經營哲學，並善盡管理之責任，企業經營人以身作則，謹守誠信原則、感謝報恩的心態、回饋社會的善舉，追求成為百年幸福企業一定能成功達成的。

已經七十多歲的詹其力是彰工的傑出校友，除了提到經營理念與成就，詹其力也以不少合璧公司管理的經驗，經常在公開的場合中慷慨地分享，讓國內外的企業家來了解為何合璧公司可以在世界上多項產品中名列前矛，年產兩千六百萬個的端子台等先進產品在業界占有相當高的比例；然而詹其力有別於其他人的經營理念，更是贏得日本與多國的肯定，在採訪諸多國內上市公司成功個案中，「合璧工業」是少數甚至是唯一非五百大的上市公司，還曾吸引知名的日本重工業 HONDA（本田）前來參觀學習。

在訪問詹其力董事長言談中就他的觀點，企業純追逐「利潤」和「幸福企業」提出區隔，基本上他認為公司經營的理念是相當重要的。詹其力認為中國大陸的員工多半過度功利主義薰心，一切向錢看齊，完全不懂敬業的精神，這與達成百年幸福企業理念還差很遠，但在詹其力經營的合璧公司確有不一樣的表現。

詹其力強調，挑戰與邁向百年企業願景：

一、經營目標：百年企業用腦。隨環境變化而不斷變化。

二、經營目的：幸福企業用心。永久不能變，正如佛心一般。

詹其力指出，創造利潤只是企業經營的過程，包括創造價值、共生共榮、感謝報恩、回饋社會「才是我們最終經營之目的」而追求幸福企業必須要達成「智慧、功德、成就」三個目標。也因此，詹其力認為，創造利潤只是企業經營的過程，創造價值、共生共榮、感謝報恩、回饋社會，才是他經營事業的最後目的；而企業幸福包括：

一、創造員工生活與物質的幸福。

二、創造員工精神與心靈的幸福。

三、創造社會國家的幸福。

四、創造天人合一的幸福。

## 融合古文明 創造幸福企業

詹其力表示，合璧立足三重，但在上海、西安、廣州、東莞等地都有事業、海外的美、日、泰國也是生產重鎮，近年來營業額更是逐漸升高，其中冷氣機等家電用的端子台，年出貨兩千六百萬組，近年來早已成為世界第一，其他還包括變頻空調控制模組、電裝盒、空調排水器、精密模具等，不少產品都具有相當競爭力。

合璧工業董事長詹其力融合引用了三個古文明（印度文明：釋迦牟尼；希臘文明：亞里斯多德；中國文明：孔子）的價值觀，來對應合璧經營者人生處事哲學與經營理念之關係運用在追求百年幸福企業之上。

詹其力謙虛地開玩笑說這些都是「偷」來的，其實就是借用中國、希臘和印度的文明：中國文明處理人與人的關係，對應到合璧的哲學，就是「講究誠信、感謝報恩、回饋社會」；希臘文明強調人與自然之關係，對應就是「真、善、美，共生共榮」，印度文明則是對應人與天的關係，包括「天人合一、禪」。

詹其力指出，經營者處世哲學導引出價值觀，再由價值觀產生經營理念，最後再將經營理念，內化為企業文化。他並提出，「發上等願，擇高處立；結中等緣，尋平處住；享下等福，往寬處行」的個人處世哲學，而這些在他的工廠花園的角落內，都結合藝術造景，勒石竭文，時時警惕。

詹其力說，包括百分之九十九的員工自動自發地提早一小時到，而且是不領薪水的，做一些整理、整頓的五Ｓ的工作，少數沒來的只是因為早上得送小孩去上學；此外，做好事而宗教色彩比較低的慈濟，也是他帶陸幹來台必前往的地方，讓陸幹們直接感受服務他人，拋棄金錢至上的價值觀，讓經營哲學在幹部身上「心腦合一」，「事業必須心腦合一，達到物質成就、精神成就」才能創造幸福。

## 利潤與員工共享　一五％分紅入股

詹其力照顧的，當然還不只有他的「家人」——事實上員工喊他「爺爺」，他也都把他們當作是家人，不管是台幹或陸幹。有一回一名司機因脊椎病變，在杭州亟須開刀，他二話不說表示自己願提供醫藥費，並快請一名杭州藉的陸幹經理聯繫，結果順利開刀挽回一命，也就是那麼剛好，醫院院長剛好是陸幹的舅舅，但司機的妻子在公司附近五百大的企業上班，卻沒有這麼好的待遇，命在旦夕之餘卻面對龐大醫藥費。

並非只是緊急狀況才能感受「詹爺爺」將員工視為家人，事實上，上海的公司開了早會的精神訓話，NHK早上體操、讀書會、英日文課程、鋼琴、口琴等社團，運動類的桌球、羽球、籃球等，詹其力幾乎都會參加；而他把工廠「公園化」融入各項座右銘的藝術品在其中，還在廠區內開闢「靜思小徑」，也讓人感受到他的用心確實無微不至，就像個大家庭一樣。

詹其力認為，經營哲學深入每個員工，是事業經營成功的原因，他開玩笑說，都不是強迫的，而且「踢他們走他也不會走」，除了平常一視同仁的工作，他也提供二五％利潤分紅入股，加上台幹年終分紅一百五十個月，陸幹十五個月，讓員工和企業的關係更加緊密。

當然在事業成功之餘，他也不忘回饋公益，詹其力說，這不是說說而已，除了已成立合璧文化基金會，目前每年提供約兩百萬人民幣從事救濟協助工作，救濟人數每月約四十人，最久二十八年，四十年來參與救濟、協助、回饋社會之金額累計已超過三千萬人民幣，相當可觀，也幫助了不少人，當然，經營績效除了讓他名揚台商與國際，每年穩定有二〇％以上的利潤，與YAMAHA這樣的大廠並駕其驅，甚至還獲得上海市政府唯一頒給的該區的「和諧企業獎」，甚至讓許多名列五百大的企業望塵莫及。

本文摘自《民報文化雜誌》第十二期
（二〇一六年五月一日出版）

# 彭淮南——靠專業形象創造獨有價值

陳文蔚

彭淮南從一九九八年二月二十五日起擔任中央銀行總裁至今已進入第十七個年頭，其任期經歷過三位總統，十二個不同的內閣，更是中華民國歷史上在位最久的央行總裁，更永遠高掛滿意度最高的行政首長，放眼當今內閣無人能望其項背。

出生於新竹的彭淮南，沒有顯赫家世，只是個工人之子，嚴格來說還是貧寒出身，白手起家從台銀行員到總裁，一路走來正是那個戰後年代台灣人自食其力翻轉人生的最佳寫照，而其官場之路，正如高掛辦公室牆上「淡泊明志、寧靜致遠」的座右銘，有所為也有所不為。

## 政治不沾鍋　央行專業鐵板一塊

從過去到現在，只要跟政治有關係的，他可以永遠當個「不沾鍋」，隨時把「央行總裁是個人最後一個公職」掛在嘴邊。但談到匯利率，不管是經濟學者、企業大老，反正誰來都一樣，只要對央行貨幣、政策有意見，肯定會被詳細收錄在每季理監事會後「參考資料」，成為「總裁開講」內容的一部分，更不用說就算假日也不吝於發布的「澄清稿」，隨時緊盯各界發言來捍衛自己的政策。

急性子又講求實證，彭淮南對於自我專業高度要求與精進，讓央行上下同仁都知道，必須隨時隨地備妥各種資料，因為隨時會接到來自總裁電話要求提供最新數據跟資料，甚至幕僚單位每天一早給的剪報資料，也經常可以看到他仔細地用紅筆畫下重點，一旦碰到撰稿記者，還可以立刻當面指出文章中他認同或者不認同的意見。

不只要求同仁必須掌握國內外金融市場最新動態，就連彭淮南自己在看待每一項會議也是如此，要赴立法院備詢，一定準備好各項問題應戰，每一季理監事會議會後記者會，與媒體記者鬥智，看有沒有超乎準備之外的問題，也成彭總裁「不能被比下去」的一項要事。

除了看待自己的行務認真、堅持，彭淮南之所以可以深獲三任總統信任與重用，還有那重要高層才會看得到的「彭總裁報告」。彭淮南不僅在自己中央銀行專業上深入鑽研，就連重要的財經議題也一定會有相當程度的研究，過去經常帶著自己親自撰寫的報告與相關建議，直赴政院等相關高層提出建言，這更是讓他的影響力超過總裁職務的重要因素。

## 「打房總裁」從炒匯到炒房都痛恨

如央行出手打房，也是彭淮南探查房價後發現房價炒得不像樣，竟連自己都買不起房，更何況是其他民眾。他不但直接點名建商、台商、投資客的炒房行為，最後乾脆直接打房，放眼馬政府沒有一個單位對房市採取行動，央行的「魄力」，讓彭淮南成了「打房總裁」，民間聲望又再更上一層樓。

雖然有人批評央行的低利率放出的資金是讓房市飆漲的主因，也有不少產學界人士經常對匯利率有許多意見，但在彭淮南自信滿滿的專業素養下，很難有人能撼動他的地位，就連立委想要質詢也經常被他的一連串專業術語與數據打得滿臉灰，要挑毛病也很難找得到問題，這一切依恃的除了專業，其實還有他對官場文化潔身自愛的堅持。

彭淮南父母當工友、賣素料養活一家大小，他從新竹高商畢業後，靠半工半讀考上國立中興大學法商學院，畢業後，進入臺灣銀行國外部工作，並因此結識妻子賴洋珠。而後，因自覺所學不足，又赴美國明尼蘇達大學取得經濟學碩士學位後，返台進入央行一路從基層爬起，直到貴為史上任期最長的央行總裁，這麼長的公務生涯，至今夫妻倆名下始終只有一間三十多坪的老公寓，存款不到一千一百萬以及一本僅十公克的黃金存摺（一〇四年二月公布之財產申報）。

## 採購工具得先試用　儉樸生活名利難撼

彭淮南生活非常簡單，一貫道信仰的儉樸信念也深深影響他的做人處事和生活態度，不論西裝、手錶等隨身物品，幾乎都是用了好幾年的「老朋友」，平常更是鮮少交際應酬，假日、年節不是在家裡就是在央行度過，在外人看來相當無趣，但他卻認為，這只是在盡公務員的本分，做好央行的職責而已。

而官場、商場上難免有人為了逢迎往來，年節賀禮經常可見，但最後也是會被彭淮南送回去，不得其門而入，這點甚至感染央行的局處首長，也不會輕易在外接受招待，就連央行內部各項設施，只要還堪用就不會輕易更換。

今年（二〇一五）第二季理監事會上，一向用白板開講的彭淮南，突然把使用好幾年的白板換成了先進的ＬＥＤ白板當作開講道具，讓媒體對於一向儉樸的央行竟然大手筆更換先進設備大感驚訝，但彭淮南澄清：「這是為了增進記者會效率，而且電子白板是先借來試用，好用才要考慮採購。」依舊不改儉樸本色。

或許也就是這種簡單生活且無所求的態度，讓彭淮南可以抵擋名、利的誘惑，可以在藍綠惡鬥環境下，堅持走自己的路，也正因為簡樸的生活，可以與複雜政商關係保持距離，成為官場上的最佳護身符，創造出屬於自己的價值。

本文摘自《民報文化雜誌》第八期
（二〇一五年九月一日出版）

# 小業務成首富——郭台銘用超級自信創帝國

陳文蔚

自信、聰明、工作狂、嚴厲、狂妄、獨裁、嗆辣直白？……外界看到的郭台銘，或許腦海中浮出的大概不脫這些印象。只是郭董之所以成為今天的郭董，鴻海能有今天的版圖，也非全都是偶然。從航運公司業務員到台灣首富，郭台銘靠著自信與對客戶的服務，爭取到各國客戶的支持，也正因為這股自信和不放棄的堅持，才讓鴻海從一個小小的電視機旋鈕工廠一直到擁有十萬大軍的鴻海帝國，甚至買下百年品牌夏普，當然，也讓他在外界擁有兩面評價。儘管前路仍多險阻，但未來能超越郭台銘，也只有郭台銘了！

買下日本百年企業夏普，不只震撼台日兩地，也讓世人再一次看到郭台銘的執著，從代工起家的郭台銘，管理一向是「治軍嚴厲」著稱，也難怪夏普面對鴻海入主後的裁員和一連串的變革，就連日本媒體也痛批他是「出爾反爾、一意孤行」，但看在台灣人的眼裡，似乎早就見怪不怪，認為那正是郭董的「Style」！

套句郭台銘曾經說過的名言「阿里山的神木之所以大，四千年前的種子掉到土裡時就已決定了，並不是四千年後才知道」，從鴻海一路走來，客戶至上、使命必達，就是一切的依歸，而這正也是鴻海可以爭取到一流客戶的本事。

郭台銘父親是一名警察，早年因派出所就在板橋慈惠宮旁，因此郭台銘一家就借住在慈惠宮廂房當中，家境並不富裕的他，靠半工半讀完成中國海專學業後，原本只是一家航運公司的業務員，一九七三年才以母親標會而來的十萬元，與朋友在土城創立的鴻海塑料公司，專門生產塑料產品，只是不到一年時間便因經營不善，原股東一一退出，使鴻海成為郭台銘獨資企業。

## 講究細節贏得世界大廠青睞合作

當時黑白電視才剛起步，郭台銘便從製造黑白電視機選台的按鈕做起，當一九七七年公司轉虧為盈後，有鑑於模具是精密工業中重要的一環，郭台銘便立刻從日本購買設備建立模具廠，成為日後發展的重要基礎，爾後又投資了電鍍以及沖壓廠，也因為對設備的投入，當進入電腦代工時代，郭台銘也得以靠成熟的模具技術，以連接器、機殼等產品打入產業鏈當中，不但發展出「FOXCONN」品牌，也讓鴻海成為著名的連接器王國。

為了做到台灣、亞洲、世界第一，郭台銘一直都是以爭取第一流客戶為優先，從早年取得康柏、IBM、英特爾等大廠訂單，到爭取到蘋果的訂單，鴻海正是靠著這些世界一流的客戶累積起口碑，進而成就了現在的鴻海。當然，郭台銘的特質：嚴格的要求、講究細節，獎懲分明等等，讓他可以在決定西進後，在各地設立數十個生產據點，仍可以管理有條不紊、品質維持一致，尤其是富士康的龍華基地，更成為全球最重要的個人電腦零組件、智慧手機等等產品的重要生產基地。

當然，嚴格的要求、重紀律如山，猶如軍隊般的管理，曾被外界批評如一座「血汗工廠」，甚至疑似因此發生遺憾，讓郭台銘相當不服氣，帶著媒體公開他在中國的生產基地，給員工的福利——公開在鎂光燈下。但另一面，郭台銘對員工也給大方，每年的分紅、股票都羨煞各界。

尤其是對公益活動的大手筆，也經常成為話題，相當重視家庭的郭台銘，因為第一任妻子林淑如以及一起打拚的弟弟郭台成接連罹癌過世，讓他特別注重醫療公益，二〇〇七年郭台銘一口氣捐助一百五十億元給臺灣大學的醫療慈善事業協助抗癌，這項捐款更創下台灣史上最高額的單筆捐款紀錄，甚至後來自己的現金股利也全部透過「永齡基金會」繼續捐助臺大抗癌計畫。

## 行事風格評價兩極

此外，各種社會活動也經常看到郭台銘的出手，弱勢團體、希望小學、偏鄉教育等等，都有永齡的足跡，郭台銘的大方就連小朋友也知道，當紀錄片《老鷹想飛》票房不佳時，小朋友寫信請郭台銘幫忙，身為大老闆的他，一樣一口答應。

對於工作，郭台銘永遠是使出全力，是不折不扣的工作狂。身為老闆，他認為自己應該是第一個上班，最後一個下班的人，嚴格地要求自己也嚴格要求員工，拼事業總是窮盡力氣努力過後，把一切交給運氣、交給老天，篤信關公是心靈重要寄託。對於生活則是力求簡樸，鮮少見到名牌、名車。雖然社會對郭台銘的評價總是兩極，但不在乎外界眼光，永遠做自己，說想說的話，做自己想做的事，這就是郭台銘。

今年（二〇一六），這個當年的業務小子，以台灣首富之姿買下了日本的百年企業夏普，日本、台灣甚至外資圈都質疑，但任何質疑也不會改變郭台銘投資的決心，投資之後，郭台銘不放棄任何推銷夏普的產品的機會，賣力地展示夏普的好，另一方面則在夏普一步步顯露出特有的郭式管理的風格，這一仗，對鴻海來說，只准成功，不許失敗，只是如何成就，還是得靠郭台銘的智慧與堅持。

本文摘自《民報文化雜誌》第十三期
（二〇一六年七月一日出版）

# 輯三

## 社會與體育篇

# 馬雅各醫生與新樓醫院代表

許天賢、吳政道

〈馬雅各醫生宣教紀念歌——智慧創新．看見未來〉

疼，彼呢啊深！路，彼呢啊長！
上帝恩典永無斷，哈利路亞，上帝恩典永無斷！
青春未了情，夢中訴心境，天國的精兵四界作見證；
醫療傳道兼教育，建立地上上帝國；
謙卑服事無時停，盼望健康身心靈。
上帝恩典來傳承，哈利路亞，上帝恩典來傳承。
哈利路亞，哈利路亞，感謝上帝疼惜憐憫，拯救福音就來臨。
上帝恩典永無斷，哈利路亞，上帝恩典來傳承。
哈利路亞，哈利路亞，一代過了又一代，智慧創新看見未來！

（許天賢寫於二〇一〇年）

## 路，彼呢啊長

一百五十年前，即一八六五年的六月十六日，一位英國優秀的年輕醫生——馬雅各醫生，帶著他的三位助手，在台南府城看西街（現今台南市仁愛街四十三號）租屋，開始醫療傳道的工作。這個日子成為台灣這塊土地及人民，得到西方先進醫療、教育及文化滋潤的開始，也是台灣基督長老教會的宣教紀念日。

馬雅各醫生，蘇格蘭人，一八三六年三月十八日出生，畢業於愛丁堡大學，他也曾在柏林及巴黎大學之醫學院深造。學成後在伯明罕醫院服務，後來上帝呼召他，一八六二年底毅然辭去醫生職務，向英國長老教會海外宣教委員會提出申請，欲成為派往千萬里遠的台灣的海外醫療宣教師，當時他只有二十七歲，正值人生的黃金時代。

## 疼，彼呢啊深

一八六三年夏天，馬雅各醫生預備前往海外宣教，最讓他難以割捨的，就是他的未婚妻Miss MaqAme Goodall，為了表明對未婚妻的真心，他剪下自己的一小撮頭髮當成訂情物。幾年前馬雅各醫生的外曾孫 Mr. William Maxwell Sreen，將這個重要的信物捐贈給新樓醫院，現在那一撮金色的頭髮，還保存在台南新樓醫院裡，繼續陪伴著馬雅各醫生曾經深愛和奉獻的台灣，並見證著這段感人的愛情！

## 披荊斬棘，醫療傳道

馬雅各醫生隨著杜嘉德牧師（Carstairs Douglas），自英國搭船，經過將近一百四十天艱苦又危險的船程，來到廈門宣教區。他努力學習廈門和台灣通用的語言，在廈門學習及等候將近一年半，一八六五年五月二十八日，他和杜牧師及三位助手自廈門搭船抵達打狗（高雄）港，六月十六日就在台南府城看西街醫館，開始台灣的醫療傳道工作。

開張第一天，門口擠滿好奇的人，但即使馬雅各醫生微笑著用剛學的廈門話向圍觀的民眾說：「鄉親大家好，我是馬雅各醫生，我會當為恁看病，毋免錢。」還是沒有人敢進來。一位阿來嬸不小心被群眾擠進診所內，心想既然不用錢不如看一下。她那隻快看不見的右眼被馬醫生診斷出罹患白內障，在接受手術後竟然痊癒了，「看西街醫館」也因此聲名大噪。隨著看診人數不斷增加，當地漢醫不禁眼紅且造謠說：「紅毛仔醫生挖人眼睛，取人心肝來做藥。」謠言一傳開，當地民眾聚集包圍「看西街醫館」拆門破窗、搗毀器材，逼得才行醫二十三天的馬雅各醫生不得不退到有領事館保護的打狗。

## 旗後醫館與教會

雖然遇到這麼大的挫折，依然沒有消滅馬雅各醫生對台灣人的愛，他繼續在旗後設立醫館及禮拜堂，並將醫療傳道的工作拓展到中南部各平埔族的部落，得到很大的迴響，傳道事工也開始看到結果。然而馬雅各醫生一直心繫台南府城的宣教事工，於一八六九年一月在台南二老口街（現今台南啟聰學校博愛堂附近）租到許厝，開設醫館及禮拜堂。此次重返府城的馬雅各醫生已經和四年前截然不同了，語言流利，精幹老練，醫術高明，有旺盛的工作使命和愛心，用醫療幫助許多人，同時這些人也將福音帶回自己的家鄉，建立教會。

## 白話字運動

在當時，信徒幾乎都是文盲，懂得漢字的人不多，要讓信徒讀聖經很困難。馬雅各醫生在一次偶然機會裡，發現平埔族所使用的契約書（俗稱蕃仔契）有流傳甚久之荷蘭拼音的羅馬字，從這事得到靈感，決定採用以羅馬字拼音的台灣話白話字運動，來推行信徒培育，並且著手翻譯《新約聖經》，這對台灣教育的推動有很大的貢獻。

## 「新樓醫院」的由來

馬雅各醫生在一八七一年十一月返回英國，但他所建立的事工正如火如荼的展開，宣教師前仆後繼來台，留下許多「台灣第一」及感人的故事。一九〇〇年在現在台南新樓醫院的地址，建立了當時台灣最先進的兩層樓醫院，有全台第一座升降梯，就取名為「新樓」醫院，以別於二老口的「舊樓」。一九〇一年馬雅各醫生的次子受派來台接任院長，服務約二十年。

## 像一粒麥子落在台灣

馬雅各醫生曾說過：「如果我還有其他的孩子，也要奉獻給上帝。」馬雅各醫生全家人的服事充分證明了他們對基督真誠信仰的實踐。

馬雅各醫生就像一粒麥子落在台灣這塊土地，雖然死了，卻長出許多的子粒，讓我們可以不斷地收成，感謝上帝賜給台灣的這一份大禮！

本文摘自《民報文化雜誌》第五期
（二〇一五年三月一日出版）

# 嘉南大圳之父八田與一

林衡哲

負責設計「桃園大圳」受到肯定的八田與一出生於一八八六年二月二十一日，他的故鄉是日本石川縣河北郡花園村，也就是現在的金澤市今町村，父親八田四郎兵衛是一位富農，他是地主兼做馬匹生意，是一位剛正誠實在村民間有聲望的人。母親出生於石川縣潟津村，八田與一出生時，他有四個哥哥一個姊姊。

一九一〇年帝大畢業那一年，二十四歲的八田與一，滿懷大志來到台灣，接受任命為台灣總督府土木部技手。來台四年之後，二十八歲的八田與一在一九一四年升任總督府技師，同時調到土木課衛生股成為濱野彌四郎的部屬。當時總督府為了增產稻米而尋找適合水田的地方，並計畫興建灌溉工程。首先興建的是桃園大圳，灌溉桃園地區三萬四千五百公頃的土地，這個工程是當時規模最大的，由民政長官下村提出，並將工程設計派給以八田與一為首的年輕技師團隊，工程浩大總長十四點六公里，蓄水池二百三十一處，水路總長二百八十二公里，費時九年才完成。

八田因設計此工程而被總督府肯定，對他而言，桃園大圳是他設計嘉南大圳的一大跳板。

一九一七年三十一歲的八田與一返日本與同鄉的開業醫生之女十六歲的外代樹結婚，那時外代樹才剛從金澤第一高等女子學校以第一名畢業。結婚後兩人渡過短暫的蜜月後，便馬上返台投入工作，八田夫婦在台灣人比日本人多的西門町租屋居住。那時友人對八田說：「總督府技師，住在那個地方不太好吧！」八田笑著說：「住在方便的地方比較好，內人不會寂寞，而且她需要趕快了解台灣，我想跟台灣人學是最好的。」

## 以拿破崙精神完成嘉南大圳計劃書

一九一九年三月八田與一率領八十多名技術員赴嘉南平原調查，花了七個月的努力終於在十月四日完成嘉南大圳計畫書，決定在官田溪上游興建烏山頭水庫，並在濁水溪開鑿取水口，引水修築嘉南大圳水利系統，總經費為三千八百萬（後來追加到五千四百萬），工期預計六年（後來歷時十年才完工），由民間團體施工及管理營運，並由政府監督。嘉南大圳從一九二〇年動工，到一九三〇年五月全部完工，八田與一發揮驚人的智慧，採用先進的工法，完成許多超高難度的挑戰，例如打通烏山嶺而開鑿的引水隧道，長達四公里，直徑八點五公尺，在當時是絕無僅有的工程壯舉。完工後的烏山頭水庫灌溉面積廣達十五萬公頃，蓄水量一億五千萬立方公尺，規模之大，是當時亞洲第一，世界第三，而嘉南大圳渠道密如蛛網，總長一萬六千公里，將近地球圓周的一半，可以環繞台灣十圈，為南台灣的經濟打下百年利基。

## 嘉南大圳遇到的危機

但工程並非從頭到尾都順利進行，一九二二年十二月十六日，烏山嶺隧道工程發生意外爆炸，結果五十位台日員工死亡，以及一些重傷員工，原因是挖到九十公尺時，噴出石油瓦斯，火花引起爆炸，導致工程暫停，一九二三年春才繼續施工。

一九二三年九月一日，嘉南大圳開工第三年，關東突然發生大地震，日本經濟重挫，並影響到台灣，嘉南大圳補助金被大幅刪減，八田被告知，必須解雇一半員工。當時見證人山根長次郎說：「那是我第一次看到八田技師流淚，我永遠忘不了這一幕。」因此為了關東大地震，不得不加延四年工期，一九二四年五月，工程才回復生機。

## 帶來了台灣農業的黃金時代

一九三〇年五月十五日，嘉南大圳舉行通水典禮，在大眾觀禮下，六道水閘全開，每秒七十噸的水量轟猛流出：在陽光照射下出現了彩虹，此時此刻對八田與一而言，彷彿進入了另一個世界：一個新的農業黃金時代，終於降臨台灣大地，同時嘉南平原躍升為台灣最重要的穀倉，成為一片綠油油的大地，八田與一表演了一場綠色奇蹟的魔術。

一九四一年十二月太平洋戰爭爆發後，八田被派赴菲律賓從事棉作灌溉設施的調查。一九四二年五月五日從廣島宇品港搭「大洋丸」出海，五月八日下午八點，在九州西邊海域遭美國「格倫迪亞號」潛水艇的魚雷擊沉，共有八百一十七人罹難，五十六歲的八田與一是其中之一。

一九四二年六月十日，他的遺體奇蹟似地漂回山口縣海岸，先在山口縣火化後，骨灰於六月二十一日由部屬白木原技師帶回台灣，他的第二故鄉，永恆地埋葬在烏山頭水庫旁，在台灣共舉行三次盛大葬禮，才在台灣長眠。

而悲傷欲絕的外代樹，出版一本《水明追思錄》的小冊子送給幫助過他們的人之後，於一九四五年九月一日，穿著八田家徽的和服，看了子女最後一眼，便靜靜走出家門，前往丈夫畢生心血所在的烏山頭水庫的放水口，朝著滔滔的水流縱身一跳，追隨丈夫而去了，她投水的日子，正是二十五年前烏山頭水庫的開工紀念日，享年四十五歲，她的遺體火化後，骨灰一小部分由八位子女帶回日本，剩下的就在烏山頭堤壩畔，與丈夫葬在一起，一九四六年十二月二十五日，這對「日本人台灣心」的夫妻之墓建成，就在八田與一銅像的後面。

本文摘自《民報文化雜誌》第五期（二〇一五年三月一日出版）

# 活出愛——憶單國璽

陳政宏

二〇〇六年七月，剛退休不久的單國璽樞機主教發現自己得到第四期肺腺癌。他自述這個發現猶如晴天霹靂，使他震驚，認為自己不吸煙也不酗酒，「為什麼是我」得到這可怕的絕症。在祈禱將約半小時後，反問自己：「為什麼不是我，我有什麼權利不得此病!?」

從祈禱中，他逐漸了解天主的旨意：「現在罹患癌症的人越來越多，您可以現身說法，去鼓勵安慰他們，讓他們還能利用人生的最後旅程為社會做些貢獻，有尊嚴地結束人生的旅程。」他迅速地從死亡的陰影中走出，他決定：「把肺腺癌交給醫生，把調養交給自己，把末期癌症交給安寧療護，把遺體交於大地，把財寶留給心愛的朋友，把靈魂交給天主。」

他相信「人生就是愛」，天主賜他愛，他的財寶就是他的信仰，他要把「天主是愛」的信仰，傳達給每一個人。

## 痛苦化成力量　告別生命之旅走透透

單樞機在長期服用抗肺腺癌口服藥後，常有腹痛、腹瀉、手指端皮膚潰爛、頭皮潰爛結痂疼痛的藥物副作用，出外及生活相當不便及痛苦，但為安慰病患及安慰家屬，將愛及服務他人的精神傳達出去，他將痛苦化成力量；從二〇〇七年八月起開始全台走透透進行「告別生命之旅」的演講，將生命的愛、光明及希望傳遞給更多人。

單樞機說：「我發揮的愛越多，人生就活得愈澈底。」因此他利用所有的時間，不斷地鞭策自己向前衝刺，我曾問樞機累不累，他會說有點累。我建議他應該多休息，他笑著說：「等我回天主那邊我就可以永遠休息了，活在天主的無限大愛中。」

第一次見到單樞機時，是在四維文教院週六下午慕道班。走入大廳時，看到樞機微笑地與每位到來的學員招呼握手表示歡迎。五樓小小的客廳是樞機的辦公室及會客室，茶桌上擺著茶水、水果及點心，這些是樞機親自準備，課後還會親自下樓送走學員。他將每位來者都視為上賓親切招待。他說：「將人放第一，尊重每個人。」他是出自內心的關愛，會喚醒我們應該不斷學習去愛、厚待及關心鄰近的每個人。

## 放下身分地位　下跪道謝與致歉

二〇一一年，高雄教會為他舉行九十華秩嵩壽。在玫瑰堂，當他親自主持感恩祭典講道時，突然他跪了下來，他先向教徒及聖職人員道謝，感謝大家多年的協助，然後向大家道歉，請大家寬恕他的種種缺失，特別是他對聖職人員的愧疚，因多年擔任教廷亞洲主教團及台灣主教團的行政職務，所費的心血及時間太多，因此對聖職弟兄身心靈的照顧有不周到之處。

單樞機跪下的舉止，讓大家非常感動，他完全放下身分地位，以身示範，人生的美滿在於最後能向最親近的人道謝、感謝，並為自己的不周到道歉，並做最後道別。

## 馬英九自稱天主教徒　單國璽婉拒領聖體

二〇一一年，單樞機在玫瑰堂舉行聖誕子夜彌撒。馬總統全程參與，致詞時說起他小時候陪祖母多次參加彌撒並受洗，也算是天主教徒。當時因即將舉行總統大選，這消息在隔日報紙引起不小的爭論。事後我與樞機談起，樞機說他是神職人員並不涉足政治，總統是為一國之尊，他來參與彌撒理當尊重。但是馬總統曾私下問他是否可領聖體，樞機笑笑地回說，總統多年未進教會，要先告解後才可領聖體，而予以婉拒。

爾後有機會了解到，早年他當徐匯中學校長時，因不加入國民黨，教育部並不承認，遂當了兩年的代理校長。在達賴喇嘛來台時，因政治緣故政府並不贊成，但樞機認為宗教交談是所有宗教的重要的使命，所以他仍照常與達賴喇嘛舉行宗教交流。單國璽樞機在面對重大壓力時，仍能堅持原則，有所為、有所不為，這真正是勇者的表現。

洗腳禮是耶穌在最後晚餐時，跪下為十二個門徒洗腳而建立的禮儀。二〇一二年復活節彌撒，單樞機肺腺癌復發，行動及體力大不如前，他要為受洗不久的教徒進行洗腳禮，跪下時因平衡不易，以顫動的身體及雙手，一個一個地為教徒們洗腳。看到單樞機困難地為每個人洗腳，大家都不禁掉下眼淚。洗腳禮很清楚地告訴我們，在上位者要非常謙卑，要有僕人的心，要去服務他人，及大家要彼此相愛。

與單樞機主教接觸，會很自然地感受到他發自內心溫暖真誠愛人的氣息，這種愛人如己的風範到底是如何養成的？樞機在遺囑中自述：「宗教信仰使我能夠慷慨犧牲自己成就別人，使我積極、勇敢、負責、盡職、幸福、快樂地走完人生旅程。」因著信仰，他透過待人處事的身教，大大的影響著周遭的每個人。

單樞機一九二三年生於河南省濮陽縣，一九四九年入耶穌會初學，一九五五年菲律賓碧瑤晉鐸（神父），一九六三年來台在彰化靜山當初學導師，任徐匯中學校長，光啟社社長。一九八〇年任花蓮教區主教，一九九一年任高雄教區主教，多次擔任天主教台灣地區主教團主席。一九九八年獲教宗若望保祿二世擢升為樞機，為台灣的第一位樞機主教，華人第五位獲此榮銜者。

本文摘自《民報文化雜誌》第二期
（二〇一四年九月一日出版）

# 懷念公東高工創辦人錫質平神父

盧俊義

一九五三年，一群來自瑞士天主教「白冷會外方傳道會」的神父，在台東落腳開始傳福音的工作。

所謂「白冷」，就是基督教所謂的「伯利恆」，而「外方」，意思就是到外國去開拓福音工作的單位，就像基督教所說的「海外傳道會」一樣。

一九五二年，當時在花蓮擔任花東教區屬於天主教巴黎外方傳教會的費聲遠神父（Andre-Jean Verineux），寫信給瑞士白冷會外方傳道會，希望他們派人來台灣，協助台東地區開拓福音和「牧靈」的工作。一九五三年十月十二日錫質平神父（Jakob Hilber）和思路加神父（Lukas Stoffel）來到台東。當年中國共產黨政府下令所有外籍宣教師，必須在一九五一年底之前主動離開中國，否則一律逮捕。因此，陸續有八位白冷會神父轉而來到台灣，這些過去曾在中國東北地區傳福音的神父，於是展開瑞士白冷會在台東地區的福音事工。

一九五四年開始，接踵而來的白冷會神父越來越多，他們散布在台東縣各地。海岸線北上到阿美族部落的長濱，山線則是從台東市區的河洛、客家，到卑南族，以及延平鄉延伸直到南橫公路屬布農族高山區域的利稻、埡口等地區，到處都可看見這群主張守貧，與貧困者相處的白冷會傳道神父的行跡。

這些神父每禮拜一都回到台東市區的會所，分享彼此間在福音事工上遇到的經歷，次日，大家回到各自的牧區。他們透過分享傳福音的心得，才發現僅僅台東地區就有好幾種不同的語言，包括：台語、華語、客語、阿美、布農、排灣、普悠瑪、魯凱等，若要全部都學會，是絕對不可能的事。因此，他們決定先學習教會所在地的當地族群語言，之後學習華語，這些神父以一口流利的台語和華語作基礎，然後學習阿美語、布農語、排灣語，和卑南語。

瑞士人對不同族群的語言、文化，有著寬闊的包容力，他們學習將德、法、義大利等語文並列為國家官方語文，瑞士許多小村鎮，經常看到天主教和基督教建造一間禮拜堂共同使用。瑞士人說：「土地很小，不要蓋那麼多禮拜堂，大家聯合蓋一間共同使用就可以了。因為我們都敬拜同一位上帝和耶穌，也用同樣的聖經。」

## 小小台東，八種語言

一九七一年，胡文池牧師翻譯布農語的《新約聖經》完成時，白冷會瑞士差會特地從瑞士派一位專業打字者，專程前來台灣，協助胡文池牧師，將他所翻譯的羅馬拼音之《新約聖經》整本打完，並出錢協助台灣聖經公會和香港聖經公會（The Bible Societies in H.K. &

Taiwan），使其聯合將布農語《新約聖經》在一九七三年順利出版，這也是天主教會和基督教會共同使用的布農語聖經之版本。

錫質平神父創辦公東高工之後，他並不要求非得是天主教信徒才可當校長，他讓黃清泰和簡安詳等兩位長老教會的青年，先後接續擔任該校校長（當時兩位才三十八歲而已），而這在台灣長老教會的傳統制度上絕對是不可能的事。

剛開始錫質平神父被分派在台東的南興村開拓福音事工，興南村位於大武鄉尚武村附近，屬排灣族的部落。他常看見村裡的年輕人在農忙過後，總是三五成群地聚在一起喝酒、聊天，甚至常有喝醉了就躺在路邊的情形，他覺得很可惜。然後，每當他到台東市區，他也常發現已經十點多的夜晚，卻還有許多年輕學生背著沉重的書包，騎著腳踏車或走在路上。他問這些學生為什麼這麼晚還沒有回家？學生的回答是「去補習」。他聽不懂「補習」是什麼意思。他又繼續問，之後才知道原來學校老師教得不夠，學生們放學後要繼續到補習班去補習，這樣才有辦法考上大學。他聽了之後，甚為不解，「為什麼學校老師會教得不夠，還要補習才能有機會考上大學？」

## 瑞士職能教育引進台灣

他問學生：「為什麼要讀大學？」有的學生說：「大家都這樣」，有的人說是爸媽要求。

也有的人說是：「以後比較好找工作」等等。錫神父更是大惑不解，他認為應該改變這些年輕人的想法。他的想法是：只要像猶太人教導他們的子女一樣，讓子女身懷一技之長，就不怕找不到工作。他於是興起將瑞士的職能教育引進台灣的念頭，他希望改變台灣人對「讀書要上大學」的看法。

因此他寫計畫書給瑞士白冷會總會，準備要買一塊土地建造職業學校。當他獲得總會同意之後，他又開始寫了好多信寄給所有歐洲德語區的天主教會，請求教會鼓勵當時擁有瑞士木工、家具設計等證照的青年到台灣來當義工，教導這裡的青年學習木工技能製作家具。他在信中告訴這些青年說：「請把青春借我兩年就好，所有來台灣的交通、住宿、膳食等我來設法負責，但沒有任何薪水。」第一年開始，他想要募集五名，結果應徵的信就超過兩百名，讓他深受感動。一九六〇年錫質平神父創辦了公東高工。後來這所學校成為聞名國際技能領域的高中職校。

創校之初，當錫質平神父告訴台東的青年到學校來讀書，且是讀木工和家具設計，幾乎都被人笑說：「要學當木工，只要拜師傅學習，最慢三年六個月就會出師，幹嘛還要花錢去讀書？笑死人！」每當聽到民眾和信徒用這種帶著冷嘲熱諷的語氣回應錫神父的呼籲時，錫神父並不氣餒。他先著手又拉又逼原住民青年在農忙期過後跟他到學校去，除了免費教他們木工技能外，並且提供宿舍。

這些來自歐洲的青年，開始時不會台語和華語，他們只好用畫圖、比手劃腳的方式，從認識木材的特質開始為學生講解，讓學生知道釘子怎樣釘才不會彈跳、彎曲，而是會順利釘入木頭，且不會使木頭裂開。他們教學生怎樣聞出木頭的味道，來判斷木頭的質材，並用手指來感應木頭的濕度等等。

## 「差不多」就無法「精準」

這些來自歐洲的年輕師傅很感慨地說，他們到台灣來學到一句很特別的話，這句話是他們在歐洲幾乎不曾聽過，且在工作職場絕對聽不到的話，這句話就是「差不多」。每當他們問學生木頭有多長？或是榫頭和榫洞相差多少時，學生剛開始總是回答說「差不多是……」。這些師傅就會用很嚴厲且帶有警告的語氣告訴學生：「這邊若是差一釐米，那邊就差一吋了，這樣榫就不準，會使整支木頭因此而不能用。不能再說『差不多』，絕對要『精準』。」這是瑞士鐘錶聞名全世界之主要因素，師傅就是要求「精準」。

當公東高工學生已經在國際技能競賽中展露才華之際，一九八〇年錫神父原本有意引進瑞士鐘錶技能。然而，他帶來的鐘錶大師勘查了台灣的環境之後，表示氣候太潮濕，不適宜發展這種非常精密的鐘錶手藝工業，因而作罷。

錫神父帶領這些學生，並要求他們每天在工廠實習工作之後，必須把工地清掃乾淨，且要很仔細地從地上撿起掉落的釘子，登記有多少支是直的、彎的，有了這些紀錄之後，就會知道自己不小心造成的耗材，等於是一種「浪費」。該校的學生經過嚴謹的訓練之後，該校從一九七〇年到一九八五年之間，為台灣在國際技能競賽中拿過十二次木工家具競賽的冠軍。當時擔任內政部長張豐緒的任內，與教育部合作通過，只要任何學生參加國際性比賽獲獎者，就可以保送進入大專院校。公東高工學生因此一批批地保送進入師範大學（今天的臺師大）和臺北工專（今天的北科大）。

公東高工設定更重要的目的，就是幫助許多台東原住民青年，讓他們在農忙期過後，透過木工技能而兼差工作，幫助家庭生活之需，相對減少原住民青年嚼檳榔、喝醉酒的惡習，同時改變了許多青年以為未來的人生，只有補習參加聯考進大學之途徑的不正確想法。從一九七〇年到一九九〇年，該校家具木工科學生都是拿家具公司所提供的獎學金，並約定他們畢業之後就到公司去工作，有的公司甚至還提供給這些學生當兵期間的安家費。

## 一技在身，勝過擠進大學之門

因為錫質平神父的這種「擁有一技之長，勝過擠大學門檻」的理念，政府才在全國設立了六個「職訓中心」，造福了許多年輕人，讓他們擁有謀生的一技之長。

一九八二年，錫神父回瑞士去籌款，要幫助公東高工原住民學生，依例也順便去醫院作身體檢查，這時錫神父才發現已經患有腎臟癌末期。為此，醫院不讓他回來台灣，要留他住院治療。他的差會打電話給當時正在羅馬開會的花東教區單國璽主教，單主教表示開完會就會到瑞士去探望。當白冷會派人轉告這消息給錫神父知道，他表示感謝之外，也立刻向醫院請假，說要回去修會拿些物品。白冷會的人沒有想到，錫神父回去拿著簡單的行囊，就直接趕往機場去搭機，要回台灣來。錫神父說：「我是台灣人，死也要死在我的故鄉台東。」原本想要去鼓舞慰問錫神父的單國璽主教因此撲了個空。

一九八五年三月二十八日下午二時二十分，錫神父安息回天家，享年六十八歲。台東南興村排灣部落族人認為錫神父是他們心靈的父親，應該讓他安葬在「頭目」的墓穴。公東高工舉行錫神父的告別禮拜後，該部落族人在頭目帶領下，將錫神父的身體扛回南興村安葬在本是頭目要用的墓穴中。

目前公東高工校園裡，豎立著一座錫神父站立的銅像。他雖然離開我們，卻值得大家永遠感念。

本文摘自《民報文化雜誌》第十五期
（二〇一六年十一月一日出版）

# 台灣醫學史的奇異恩典——蘭陽大醫師范鳳龍

陳永興

## 死裡逃生　立志救人

范鳳龍醫師（Dr. Janez Janež），南歐斯洛維尼亞（Slovenia）人，一九一三年生，一九五二年跟隨義大利靈醫會的神父們來到台灣宜蘭，成立羅東聖母醫院之後，職掌外科長達三十九年。他的一生救人無數、照顧病患無微不至，從來不曾回家鄉；在聖母醫院開了八萬多台手術，寫下台灣外科史無人能破的紀錄（這是平均每天開六刀，連開三十九年不休息，才有可能的紀錄）。他不僅開刀技術第一，還幫窮苦病人繳交醫藥費，捐血給病人，每天查房為病人換藥處理傷口，無論再怎麼忙，始終視病如親，被宜蘭民眾稱呼為 Oki 大醫師。

范鳳龍一生未娶，與羅東聖母醫院的神父過著最清苦的生活，把自己的一切都奉獻給蘭陽民眾。他照顧病人到生命最後一刻，死後葬在羅東的山上，成千上萬的台灣人感念他的精神，不管任何宗教背景的人都來為他送葬。他是宜蘭人心中永難忘懷的偉大醫師。

范鳳龍出生於虔誠的天主教家庭，小時候母親希望他成為神父，但他立志學醫。一九三一年進入魯比亞那醫學院，一九三七年成為魯比亞那醫院的外科醫師。二次大戰期間，他的故鄉在戰火下飽受蹂躪，而他也被徵召入伍。服役期間他有所感悟，應該盡量幫助有需要的人，因為他認為，醫生是要救人而不是要殺人的。一九四五年五月，他陪同一群故鄉的難民準備逃往義大利，突破共產黨游擊隊的包圍，幸運逃脫之後，從此下定決心，要用餘生為貧窮苦難的人服務。

一九四八年，范鳳龍跟隨天主教靈醫會的神父，到中國雲南的昭通從事醫療傳道工作，當時他已經展現優秀的外科醫術。不幸的是，中國共產黨同樣迫害天主教會，驅逐了靈醫會的神父，因此在一九五二年六月，范鳳龍和靈醫會的神父們來到台灣，落腳在羅東，從此和蘭陽結下了不解之緣。

一九五二年七月十八日在羅東聖母醫院，范鳳龍開了來台第一刀，為一名五十歲女病患取出重約十二公斤的子宮肌瘤。從此，他不眠不休地為蘭陽民眾進行各種手術（包括一般外科、骨科、婦產科、泌尿外科、小兒外科等）。他手術又快又準，如果沒有意外，從劃下第一刀到皮膚縫合，盲腸炎的最快紀錄是九分鐘，胃的最快紀錄是二十六分鐘。在聖母醫院不到十年，他就開了一千例胃部手術。他甚至曾開刀取下小牛的脛骨，接到一名脊椎骨折的病人身上，而且成功救治。

范鳳龍平均每天開六、七台手術，常常不吃晚餐，一直開刀到晚上十點、十一點。半夜如有急診病人，仍然起來開刀至凌晨，全年無休地救治病人生命。他曾數度因體力透支而昏倒於院內；甚至逝世前一個月，他罹患肺病已經很嚴重，仍忍痛抱病在半夜起身為病人手術。連他在歐洲的母親病逝，他都沒有趕回去，因為他說回去也來不及救她了，但在台灣還有很多等著要他救的病人！

## 清苦自持，視病如親

自一九五二到一九九〇年，在羅東將近四十年的歲月，范鳳龍以「傳教醫師」之名作工。在工作上，他是很嚴厲的，但他視病如親地照顧病患，獲得所有人的尊重。醫療工作是他最重要且唯一的志業，不論何種狀況，只要是病人需要，他必定放下一切前往。他不是神父，生活卻如同修士，甚至是隱修士。他不理會世事，不關心錢財，也不支領薪水；有了一點錢，就送給需要的窮人。為了病人，他過獨身生活；窩在他的小房間裡如同苦修士，不做任何舒適的要求。

翻開范鳳龍的小傳，他自述：「我很滿意，我相信沒有比我決定去做傳教醫生更好的路。不是錢財或是讚美能把我從病人中奪走。那是我的天堂，我在這裡才幸福；至少在這個世界上，能說我是幸福的。我不為人折腰，我在天主面前做事；天主賜我恩寵，能在傳教區工作那麼久，而且仍然有那麼多的工作。」

一九九〇年十月十一日，范鳳龍醫師逝世於羅東聖母醫院，蘭陽民眾數千人參加他的告別式，懷念他的無私奉獻；他死後，埋骨於蘭陽大地，守護著宜蘭鄉土。他生前曾拒絕接受的「醫療奉獻獎」也在一九九八年頒給他。二〇〇七年，聖母醫院得到全台灣民眾的響應募款，為他興建了「范鳳龍紀念急重症大樓」。這位比台灣人更愛台灣的外國人，蘭陽人尊稱的 Oki 大醫師，將永遠活在台灣人的心中。

本文摘自《民報文化雜誌》第一期（二〇一四年七月一日出版）

# 一個外國老神父的夢與決心
## ——蘭陽舞蹈團創辦人秘克琳神父

陳偉克　採訪

蘭陽舞蹈團不只做一般的表演；特殊的、有意義的表演，我們都樂於參與，這是我們教會最主要的宗旨。我想，痛苦的人更需要快樂，我們的愛更應該給他們。

## 面對困難，就是在解決困難

問：

蘭陽舞蹈團從一九六六年成立迄今快要半世紀了，今天看蘭陽，培養那麼多的舞者，長年代表國家到世界各地演出；甚至在雲門之前，蘭陽就已經在世界各地巡演了，似乎一切看起來都很成功，但真有這麼順利嗎？譬如，秘神父所屬的天主教靈醫會，創會五百年來向以「醫治病人，傳揚福音」為使命，面對不同「服務觀」的挑戰與衝擊，蘭陽是怎麼頂過來的？曾想過不然就乾脆放棄嗎？

答：我是不怕困難和挑戰啦，不需要放棄啦。因為面對這次的困難，就是在幫我們解決下次的困難。

我知道自己在做什麼！我二十九歲就從義大利來到台灣，這是自己決定的，不是被派來的。但有些事情很難解釋，所以就一直做，做到成果出來大家都認同為止。現在靈醫會的神父，不論是國內或國外，都能慢慢了解我們所做的事了。所以後來每一次出國，靈醫會都給予蘭陽很多協助，歷次出國計畫才能順利完成。

事實上，舞蹈團所屬的蘭陽青年會，最早就曾經利用教堂的廣場組了籃球隊，後來還辦郊遊、國樂社、舞蹈團等。所以，靈醫會除了直接服侍病人，只要可以減少生病、減少痛苦的事，都是符合靈醫會使命的。

問：蘭陽舞蹈團成立至今，創造了很多價值，除了文化，甚至也在外交上做了貢獻……

答：我記得一九七〇年代，台灣的國際環境很不好，所以我就想說怎麼讓台灣跟世界交朋友，就把蘭陽舞蹈團帶到全世界去表演。藝術交流比較可以交朋友啦，政治不行的。

其實，我住在台灣五十年，也是台灣的一分子，這裡有什麼需要，我也要幫忙啊！我也住在羅東，所以就希望宜蘭會變成一個特殊的地方，一個大家都知道的地方。

## 出國首演，只有三十個觀眾

問：

蘭陽是第一個在教宗御前獻舞的藝術團體，幾乎歷任教宗都欣賞過蘭陽的表演？據說第一次出國就表演了六十場？

答：

那是透過義大利神父的協助，一九七四年蘭陽第一次出國到歐洲演出，過程很有意思。第一場在義大利北部大城 Vicenza 市立體育館演出，有一萬多個座位，你猜看看多少人來觀賞？三十個！人這麼少，也一定要表演啊。但他們看了都很感動，後來就一直接到邀約，連續三個月一直表演，也包括表演給教宗欣賞，這我們是很大的肯定。

出國表演今天來看好像很簡單，但三、四十年前可是非常不容易。一九七四年那次出國，根本沒想到會牽涉到那麼多單位，學校、教育廳、教育部、外交部，還有警備總部要做身家調查……籌經費已經夠麻煩了，跑這些行政流程更是累人。為了出國，我每天都要從宜蘭坐火車上來辦手續，辦的過程又發生很多問題。我認為，當時有太多不需要的手續，團員都只是小孩子，實在沒必要連國小和國中生都要調查身家背景，連父母的資料也要一一調查。

**問：**

蘭陽舞蹈團常常參與慈善演出，譬如幫助老人的義演就辦過很多場。舞蹈團不是財務缺口很大嗎，怎麼還會想做這種「嘸錢工」？

**答：**

蘭陽舞蹈團不只做一般的表演，特殊的、有意義的表演，我們也都樂於參與，這是我們教會最主要的宗旨。我想，痛苦的人更需要快樂，我們的愛更應該給他們。更何況，只要有讓孩子跳舞、抒發熱情的機會，我都希望帶他們去，至於經費不足，這是大人的事，我們來想辦法。

## 秘克琳神父簡介

一九三五年　秘克琳神父生於義大利。

一九六三年　二十八歲晉鐸神父。

一九六四年　秘克琳神父來到台灣。

一九六六年　服務於羅東北成天主堂，正式成立蘭陽青年會。

一九七四年　第一次出國，於義大利、梵蒂岡演出六十餘場，首創台灣藝術團體在義大利演出之先例，更是全球第一支在教宗御前獻舞的藝術團體。

一九七五－一九八三年　四次出國巡演，足跡遍及美國、歐洲、中美、南美等二十餘國。

一九八八－一九八九年　參加「第三屆世界民族舞蹈大賽」，獲「最受大眾歡迎獎」。秘克琳神父獲新聞局頒發「國際傳播獎」。

一九九一年　參加西班牙「第四屆世界民族舞蹈大賽」，在三十國五十六支勁旅中，獲得第三名。

一九九二年　參加西班牙巴塞隆納奧運藝術季，為國內團體首次獲邀參加奧運藝術季演出的團體。

一九九四年　台灣正式成為國際民俗藝術節協會（ＣＩＯＦＦ）會員國。

一九九六年　透過ＣＩＯＦＦ，協助宜蘭文化中心辦理「第一屆宜蘭國際童玩藝術節」國外團隊的邀請，並全程參與演出。

一九九九年　〈噶瑪蘭公主〉舞劇首演。

二〇〇二年　〈聽花人～大鑼樂舞劇場〉首演。

二〇〇四年　〈島嶼神話〉大型舞劇首演。

二〇〇五年　〈噶瑪蘭公主〉代表台灣在日本愛知縣世界博覽會演出。

二〇〇九年　秘克琳神父獲宜蘭文化獎。

二〇一一年　蘭陽舞蹈團獲西班牙世界民族舞大賽亞軍。

本文摘自《民報文化雜誌》第一期

（二〇一四年七月一日出版）

# 痲瘋病人的守護神——白寶珠

盧俊義

## 終身照護澎湖痲瘋病人

白寶珠姑娘是個護理人員，一九五二年十一月十七日搭船抵達台灣基隆。剛開始兩年，她在馬偕醫院和樂生療養院工作，同時她也到宣教師戴仁壽醫師所開辦的樂山療養院協助照顧痲瘋病人。她在馬偕、樂山和樂生等三處院所服務時，接觸到不少病人來自澎湖，有的人甚至病情很嚴重。她看到這些病人必須遠渡大海，又辛苦地從高雄搭火車上台北來，就動了慈悲的心決定寧願自己去澎湖幫助這些痲瘋病人。

一九五五年，她從高雄搭船去澎湖，開始她對痲瘋病人的醫療服務。那時她三十六歲，許多人對她的決定相當驚訝，因為那是她完全陌生的地方，且澎湖的醫療資源非常貧乏，不像台北，有許多外籍宣教師，有許多人力和資源可運用。但沒有人料到，她到澎湖之後，一住竟然長達五十四年，直到她二〇〇八年四月八日去世。

當時台灣人對醫藥衛生的認知不足。因此在澎湖，大家一聽到「痲瘋病」非常恐懼不安，尤其台灣曾拍過三次與「痲瘋女」相關的影片，內容對痲瘋病的認知錯誤百出，更加深澎湖人對痲瘋病的擔憂與恐懼，他們非常害怕被人發現家裡有痲瘋病人。

因此，每當白寶珠姑娘帶著助手去探訪這些病人時，病人只要看見她來就會趕緊叫家裡的人往後門溜走，沒有人敢接觸到她，因為她專門醫治痲瘋病人，身上可能有痲瘋病菌，這是澎湖人的想法。還有，要溜走的原因，是怕被鄰居發現而遭到隔離。有的人為了要拒絕白寶珠姑娘去探訪，還會向她潑糞便，以阻止她經過門口或進入屋內。有些澎湖人認為：任何一個痲瘋病人的家煮飯的煙飛出來，那些煙也會把細菌傳染出來。就曾經有過一個痲瘋病人家煮飯，因為煙從煙囪出來，整個村落的人都跑光光。

因為一般人對痲瘋病相當恐懼，每當有病人去世，家屬都會安靜地將去世的親人包裹起來，利用夜深人靜的時候，偷偷地帶去墓園埋葬。白寶珠姑娘為了排除澎湖人對痲瘋病的恐懼，她甚至親自替去世的病人擦拭身體，換穿衣服等等，做這些處理後事的工作，許多人因此震驚不已，他們於是開始傳出風聲，說：「白姑娘很厲害，痲瘋病菌不敢吃她。」但也因此，澎湖人慢慢地改變態度，不再拒絕她、排斥她，他們逐漸接納她，也歡迎她到自己家裡坐坐、聊聊，說些他們不曾聽過的有關醫藥衛生的「故事」。

## 最完美的醫療和護理方式

不僅是澎湖，早期社會對痲瘋病的認識，都認為那是很令人害怕的病症，聖經時代的人甚至說那是「天譴病」，摩西法律後來就規定：只要鑑定出確實患了痲瘋病的人，這人就必須從社區裡隔離出來，不能居住在社區裡。

歐洲如此對待痲瘋病人，因此當宣教師到台灣來時，也是這樣辦理。當時沒有任何藥品可以治療痲瘋病。台灣最早設立收容痲瘋病人的機構，就是由加拿大籍的宣教師戴仁壽醫師在一九三二年於八里創立的「樂山療養院」，那時候，不叫「痲瘋病」，而是「癩病」，表示骯髒之意，因為這種病往往造成神經末稍壞死而導致皮膚潰爛。

兩年後，一九三四年，日本政府才設立大家比較熟悉的「樂生療養院」且規定所有地方衛生單位，若發現痲瘋病人，一律要往樂生療養院送。這種方式也是一種隔離的作法。

白寶珠姑娘很清楚台灣人非常害怕這種疾病，本島的人都如此，更不用說澎湖和所有離島的居民，當時醫藥又相當缺乏。但她到了澎湖之後發覺澎湖和台灣本島有個極大的差異，就是澎湖人口少，加上空氣又好，因此，她很有智慧地改變台灣將痲瘋病人隔離出來的作法，而是認為不需要隔離，只需要在家裡治療即可。

後來許多外國專家到台灣來，訪問有關防治痲瘋病之醫療情況時，他們到澎湖去參訪白姑娘的醫療方式，都深感驚訝。這些外國來的醫療專家發現，在澎湖不但不需要將痲瘋病人隔離出來，而且還有護理人員親自送藥到病人家裡，並且替病人換藥，及關心病人的家計生活，這簡直是全世界最先進、最人道的治療方式。因此他們給白寶珠姑娘的評語是：這是最完美的醫療和護理工作，而這就是白姑娘所做的奉獻。

## 絕不洩露病人病歷

白姑娘為了保護病人不至被他人看見，要求政府設立的澎湖醫院必須設，置「特別皮膚科」但這「皮膚科」的門診和掛號通道，都要跟一般科別區隔出來，為此，她往往需要和新上任的院長吵架，但她十分堅持，為的就是要保護病人不被他人看見。每當新舊院長交接時，卸任的院長都會提醒新任的院長，說白姑娘是個「麻煩人物」，要小心應付。白寶珠姑娘直到去世之前，始終堅持不讓任何一個經過她親手治療的痲瘋病人之病歷洩露出來。

白姑娘很清楚：對痲瘋病會如此恐懼，是因為認識不夠所導致。因此，她的看法是：工作不是只有醫治病人，還要醫治澎湖的社會，只有當大家都體認到痲瘋病不可怕，不會傳染，這樣才能使痲瘋病人從痛苦中解放出來。而要怎樣教導病人？這就是問題了。

要改變大人的觀念，似乎不容易，因為大人已經有根深柢固的觀念了，她發現若是改變小孩或許比較快。於是，白寶珠姑娘走遍澎湖所有的島嶼，走訪所有的中、小學，她告訴學生怎樣發現痲瘋病、怎樣幫助病人就醫，她深信這些身為父母的人，會聽有讀書的小孩所說的話。

白姑娘不僅是投入認識痲瘋病的教育工作，她走訪所有的病人和家庭，沒有任何一個遺漏的。更令人感動的是，當她走訪病人時，知道某個病人家裡生活有困難，她就會設法給予幫助。她甚至會買小雞、小火雞、小鴨、小鵝、小豬等家禽家畜給病人的家人飼養。她說很多病人不敢就醫的主要原因，通常和拮据的經濟生活有關。她希望等小豬、小雞長大或是繁衍更多時，可以拿到市場上去賣，這樣病人的家庭就有收入，也可改善家庭經濟生活，就醫就更容易了。

二〇〇四年，當澎湖不再出現痲瘋病例時，她非常欣慰，特別舉辦了一次小型的慶典，並且將澎湖醫院的三間門診鑰匙交還給醫院。她同時做了一件令人極為感動的事：她將所有病人的病例全部燒毀，不讓任何人看見或知道誰曾是痲瘋病人。

她在美國的弟弟知道她已經完成在台灣澎湖的醫療奉獻工作，從此不再有痲瘋病人了，因此一直打電話催促她回美國去，同時也設法透過美國在台協會（AIT）官員幫忙這件事。但都被她拒絕。於是她趁著自己思路還很清楚時，立下遺書表示：自己是澎湖人。因此，要求在她死後，不要將她身體帶離開台灣，並且所有東西都要送給澎湖人。她過世時，身上只剩下兩萬多元台幣而已。因為她將所有退休金用來買藥品、食物、家禽家畜等，幫助那些貧困的澎湖痲瘋病人和家庭。

二〇〇六年二月二十五日，當時陳水扁總統知道白寶珠姑娘的故事後，就帶衛生署長等人專程去澎湖探望她，並且交代衛生署要好好照顧白姑娘晚年所有醫療和生活之需。陳水扁總統於二〇〇七年三月三十一日，第二次帶著當時的內政部長李逸洋去澎湖一趟，特別交代要好好處理白姑娘的善後事宜，並且在澎湖醫院頒授紫色大綬景星勳章給白姑娘，感謝她對澎湖的辛勞和貢獻。

## 用生命疼惜痲瘋病人

二〇〇八年四月八日下午五點十分，她在睡眠中安息回到天家，享年八十八歲。她在遺書上說她非常喜歡這一段聖經的經文：

（上帝說：）我從天涯海角把你帶來；我從遙遠的角落呼喚你。我對你說：你是我的僕人。我沒有遺棄你，我揀選了你。不要怕，我與你同在；我是你的上帝，你還怕什麼呢？我要使你堅強，要幫助你；我要保護你，要拯救你。

——以賽亞書四十一：九—十

這段經文，使她投入澎湖痲瘋病醫療工作，每遇到困難時，她就向上帝祈禱，祈求上帝幫助她，堅定她的信心。

現在，澎湖的春暉公園裡，有一座紀念白寶珠姑娘的雕像。這座雕像坐著，雙腿抱著病人。

白寶珠姑娘留給咱台灣人的，是永遠的生命記憶，而這份美好的記憶不是用強權、勢力，或是任何權勢、金錢換取得到的。她對咱台灣人，特別是對澎湖人來說，那是生命中永遠無法忘懷的真誠之愛。

本文摘自《民報文化雜誌》第十八期
（二〇一七年五月一日出版）

# 用生命寫故事的鄭豐喜

彭瑞金

一生短短僅有三十一年的鄭豐喜，生下來兩隻小腿自膝蓋以下就嚴重畸型扭曲，只能跪著走路。五歲以前，由於出門即遭人戲弄、恥笑、欺負，乾脆躲在家中不出門。五歲那年，有賣藥的江湖郎中來到村子裡，商得他的父母同意把他帶走，從此便和那位郎中以及一隻猴子行走江湖。那位趙姓郎中，給他衣食、照顧他的生活，教他念書、識字、唱歌、表達，過著江湖藝人的生活，最重要是走出幽居自囚的生活，見識外面的人與世界。

## 八歲獨自隱居　靠撿田螺拾地瓜果腹

鄭豐喜是一九四四年出生在雲林口湖一個有十二個孩子的貧困家庭，上面有五個哥哥、兩個姊姊，排行第八，後面還有四個弟妹。他說，他所出生時的口湖後厝村，只有一百戶人家，除了兩戶開小店，四戶當乞丐之外，其餘都是種田的農家，識字的人很少。僅有一塊鹹田、一間茅廬的貧窮農家要養活一大群子女，談何容易？畸型兒長大了大概只能當乞丐去。鄭豐喜與趙姓郎中的江湖生涯維持了三年左右，趙姓郎中因不甘地痞流氓勒索打了一架，雙雙被軍人抓走之後，就沒有再回來。他經好心人的協助，央請曾到村裡行乞的乞丐婆把他帶回家。

為了避開村人、家人的揶揄欺凌，他哭求父母在離家一公里的自家田地裡搭建一座雞寮養雞，靠撿田螺、捉青蛙、金龜子、拾地瓜、番豆果腹，自立更生過了三年。除了五哥曾陪他在那裡住過一段日子，他從八歲開始便在這裡「隱居」，過年過節，家中的喜慶，他也沒有參加。即使離開索居，仍然有人會上門來欺負他，也歷經蛇咬、墜落深溝、颱風等差點喪命的險境。由於颱風來襲，狂風暴雨掀翻了雞舍，他攀爬在樹幹上才免於被洪水沖走。

## 忍受輕視欺凌　開始爬向學校生涯

父親和五哥駕著脫穀機底下的大木板把他救回去後，母親再也不讓他去過那非人生活。回家後，他幫母親做家事、照顧弟妹，或放牛、割牧草，還是難逃被輕視、侮辱的欺凌。也在突破種種障礙、阻撓之後，才終於能夠「爬向學校」開始他的求學生涯。儘管他勤奮、努力，也有過人的聰穎，作文、演講都有優異的表現，仍難逃家庭、社會，甚至部分學校行政、教育人員對身體畸型學生的歧視和偏見，有些校長、教師拒絕或阻擋他的入學，剝奪他參賽的機會，理由都是他的「身體與常人有異」他也因此受到同儕的歧視、欺侮。鄭豐喜雖然不良於行，只能靠膝蓋站立及行走，卻不是沒有反擊的能力。但他終究覺悟到，世間根深柢固地歧視身體畸型人，恐怕永遠都無法以打鬥才解決，他不如把所有來自外界的嘲弄、揶揄、羞辱、欺凌，轉化為激勵自己向上奮進的力量。

## 他的每一天　都是震撼人心生命故事

雖然從小學二年級即贏得「模範生」的肯定，聰明才智讓他對知識游刃有餘，但他因於身體缺陷遭逢的橫逆依然不斷。同學不是偷走、弄壞他的腳踏車，就是用言語、行動霸凌他。國小畢業後，沒有法令阻止像他這樣的人繼續升學，但卻有老師、校長，甚至健檢的醫生以行政裁量刁難他的入學。對鄭豐喜而言，參加考試的資格、註冊的學費、尋找住宿的地方、生活費……可謂關關難過、關關過，從口湖國小、北港中學、中興大學法律系，都面臨重重的困難。除了貧家子弟的經濟困境外，天生的肢體的缺陷，使他受到的生命折磨是常人的千百倍。自然，他如何走過來？不僅每一個關卡，就算他的每一天都是震撼人心的生命故事。

他的生命故事，在他高三時被媒體披露出來，有來自四面八方的鼓勵湧入，也有人提供一些實質的協助，在他考上大學後，有醫生要為他免費裝義肢，讓他能夠真正地站起來，他的故事也贏得同系學妹對他的一往情深，雖然歷經家庭革命，卻終於有情人成為美眷。鄭豐喜在大學畢業後回到口湖國中任教，他的夫人吳繼釗也在第二年到該校任教。生下兩名健康的女兒。他的師長、朋友鼓勵他把自己的故事寫出來。出版時，也許是謙虛，自稱自己的人生汪洋中的破船，但從他的人生而言，終局是成功的人生奮鬥經驗，對人心人性有積極向上的提昇力道，大概是接受別人的建言吧！改稱「一條船」顯然比較符合社會期待。

## 捍衛自己尊嚴　鄭豐喜最動人的一章

鄭豐喜在一九七五年罹患肝癌，以三十一歲英年早逝，他的夫人為他整理出另外兩本遺稿出版，也成立了「鄭豐喜文教基金會」提供獎助學金幫助有肢體障礙的學子就學、出國深造。另外為了回饋生養他的家鄉，在雲林口湖創立了鄭豐喜圖書館。

自高中畢業考大學開始，鄭豐喜的生命故事經由媒體披露後，曾引起社會很大的迴響，有人要為他免費裝義肢，有人要替他出學費，有人要支助他的生活，也贏得知心女友的真情摯愛，人生理應自此步入坦途！實際上，他仍過得十分困頓，仍有山窮水盡、喝水止飢的日子，為什麼？他為了捍衛自己的尊嚴，不肯沒有選擇地收下別人的同情和憐憫。這大概是鄭豐喜生命故事中最動人的一章。

本文摘自《民報文化雜誌》第九期
（二〇一五年十一月一日出版）

# 守護台灣民主血脈——梅心怡比台灣人還愛台灣

林冠妙

梅心怡（Lynn Miles），一位離開遙遠的故鄉、從一九七〇戒嚴的年代開始、救援台灣政治犯的美國人，被中國國民黨政府列入黑名單長達二十五年，「流放」海外期間，在日本將台灣政治犯資訊，透過國際特赦組織、《衛報》等國際媒體宣傳，為台灣保存寶貴的民主血脈，二〇一五年六月八日不幸因「間皮癌」病逝台北慈濟醫院安寧病房，享壽七十二歲，他的大半輩子全奉獻給台灣，比台灣人還愛台灣！

## 石棉引起罕病間皮癌　盼捐大體研究未如願

Lynn，一九四三年六月十五日生於美國紐澤西州，有過兩段婚姻，兩任妻子都是日本人，有三位女兒，分別住在美國加洲及澳洲，雖然家人都在國外，但在台灣，他結交了許多各種領域的朋友，照顧他的主要工作，是由美國友人艾琳達在負責，包括為吃素的 Lynn 安排住在台北慈濟醫院的安寧病房等事項，Lynn 住在內湖的律師表弟也在一旁陪伴、照顧。

Lynn 羅患由石棉引起的「間皮癌」，是罕見病例，在高雄也有數家石棉工廠的勞工，因長年暴露在石棉環境中患有「間皮癌」，為了讓醫療有新突破、建立更完整的病理研究資料、幫助病患重獲生機，Lynn 在人生最後階段，親自和醫院社工單位討論，希望捐出大體作為醫學研究，造福人間，但艾琳達表示，一方面因為 Lynn 的身體太瘦弱（據照顧他的一位友人說，他的體重大約只有四十多公斤，可以輕易地抱起來），另一方面是他的家人、子女資料都在海外，無法辦理公證，最後並沒有如願，於二〇一五年六月十三日火化。

## 情報頭子為乾爹　自由中國氛圍不識白色恐怖

Lynn 於一九六二年搭乘三十天的輪船抵達基隆，首次來台灣學習中文，和鄭心本結為好友，鄭心本是簽了很多政治犯死刑執行令、第一任國安局長鄭介民的兒子，Lynn 接觸到的全是外省籍朋友，稱呼鄭介民夫妻為乾爹、乾媽，並住在鄭家中，看到的一切都是中國國民黨營造的「自由中國」氛圍，完全不知有白色恐怖、政治犯之情事，一九六四年回美國擔任校刊編輯後，才開始接觸、撰寫社會不公及言論自由議題，最後因此與校方發生衝突，被迫離開校刊工作。

## 讀《被出賣的台灣》　見識骯髒歷史目睹黑暗面

一九六四年，Lynn 第二次來台灣，就讀師大華語中心時，看了葛超智（George Kerr）寫的《被出賣的台灣》（*Taiwan Betrayed*）、《文星》等刊物、認識了彭明敏、李敖、謝聰敏、魏廷朝，見證了他們被逮捕的恐怖氣氛、也見識中國國民黨政府骯髒的歷史及黑暗面，使他從一位對言論自由有興趣的外國人，成為嚴重「干預」台灣內政的「不良分子」，也從對「中國」的喜好，轉為關切「台灣」。

## 營救政治犯遭驅除出境　台灣兩百一十四政治犯名單首曝光

謝聰敏等人被捕後，Lynn 曾試圖搭救，在彭明敏逃出台灣前，曾為彭帶了一封信，爭取國際注目，不久就被中國國民黨政府驅除出境，「流放」海外期間，住在日本大阪，一九七二年創辦《浪人》雜誌，蒐集、整理政治犯、祕密審判及被刑求等資料，在第八期雜誌中，首度將台灣兩百一十四名政治犯名單曝光，積極投入國際救援工作，和國際特赦組織（ＡＩ）等人權團體、《衛報》等國際媒體有密切的救援書信往來，建立國際救援網路，與許世楷、黃昭堂、三宅清子、毛清芬等人，展開救援台灣良心犯工作，以及在美國支持下的獨裁國家之人權運動。

## 建立國際網絡書信往返跨國救援　守護台灣民主血脈

一九七五年 Lynn 以「臺灣人權擁護國際委員會」（International Committee for the Defense of Human Rights in Taiwan）名義，透過地下網絡，與美國司馬晉（James Seymour）教授等人合作，將台灣人遭受政治迫害的事實傳至美國、歐洲等人權團體，公諸於世，在消息封閉的戒嚴時代，扮演傳遞政治犯資訊的重要媒介，為在黑暗處受苦的台灣人點燃希望，守護台灣人性尊嚴及民主血脈。

一九七〇年台灣仍否認有政治犯的存在，一九七六年十月國際特赦組織正式公布調查報告，逼得中國國民黨承認有兩百五十四名稱為「叛亂犯」（Seditious）的犯人，其實就是ＡＩ所稱的「良心犯」（prisoners of conscience）；一九七七年美國 Donald Fraser 等議員召開台灣人權聽證會，讓中國國民黨執政當局無法再製造謊言詆毀人權運動者。

## 中國對台試射飛彈絕食抗議　名列黑名單二十五年始解禁

一九八〇年代開始，台灣與海外的聯絡已可使用電話交流，國內外消息管道暢通，一九八四年 Lynn 結束在日本傳達訊息的工作及十五年的居留，返回美國，於一九八六年協助許信良「台灣民主黨」遷黨回台工作；一九九六年台灣總統大選時，中國向台灣試射飛彈，Lynn在洛杉磯中國領事館前絕食六天，抗議中國強權，被列了二十五年黑名單的他，一直到一九九六年才解禁，再度踏上台灣的土地。

## 燒護照反戰　控美出兵伊拉克　對台特殊貢獻獲永久居留

解嚴後的台灣，Lynn持續關心環保、反核、勞工、婦女、原住民等弱勢者權益；二〇〇〇年三月，為了抗議美國出兵攻打伊拉克的帝國主義蠻橫作風，在美國在台協會前公開焚燒自己的美國護照，表達強烈的反戰立場、最沉痛的控訴，卻因此無法在台居留，二〇〇六年陳水扁執政時期，內政部以「對我國具有特殊貢獻」為由，同意其在台永久居留申請。

## 關心社會議題　參與三一八運動、三二三占政院遭起訴感光榮

Lynn後期住在桃園龍潭，二〇〇八年至二〇一四年在輔仁大學擔任兼任教授，在太陽花運動期間，參與三二三占領行政院行動，因「侵入」行政院二樓、拍下行政院公文被起訴，他的好友安德毅表示，Lynn原本想出庭辯論，指行政院是納稅人出錢蓋的，為何不能進去？而且也沒有警察在看顧，是屬公共財，為何被稱為「侵入」？對於被起訴一事，Lynn覺得

很光榮，但後來因罹患間皮癌，身體不適，無法出庭說明。

Lynn於二〇一五年六月八日凌晨一點半，病逝於台北慈濟醫院安寧病房，享壽七十二歲，一名和台灣沒有淵源、和台灣人沒有血緣關係的美國人，犧牲照顧自己家人的機會和時間，為救援台灣政治犧牲者、義無反顧挺身而出，完全出於人道關懷、社會正義，無私無我，是台灣民主見證者，也是台灣人權守護者。

**參考資料：**

《一個人權救援者的自述》／梅心怡著
《想起梅心怡的台灣心就心酸》／盧千惠著
《梅心怡Lynn Miles人權相關書信集一—三》／吳三連台灣史料基金會
《A Borrowed Voice我的聲音借妳：台灣人權訴求與國際聯絡網一九六〇—一九八〇》／艾琳達、梅心怡編作

本文摘自《民報》網站
（二〇一五年六月十日出版）

# 張俊雄讓死刑犯帶著有生命靈魂離去

朱蒲青

前行政院長張俊雄自行政院長職務卸任後，選擇到監所擔任終身義工，走一條人煙稀少的路，政壇有人則抱持觀察的心態，這一晃已經超過五年，張俊雄實踐他的理念，讓死刑犯在人生最後階段，能誠心悔改認罪，向被害者或其家屬道歉，接受基督信仰，並簽署器官捐贈遺愛人間，為自己的餘生做出貢獻。就算是死刑犯在最後一刻，依然努力搶救，讓他們帶著有生命的靈魂離去。

張俊雄從民權律師、民進黨創黨元老、七屆資深立委、總統府祕書長到資政等要職，政治聲望及權力幾近高峰。政黨輪替，他更一度被傳聞接掌黨主席，甚至競選總統。他在台灣政壇上，始終都占有著舉足輕重的角色，卸任後動向更是廣受矚目。

但在此時，他卻毅然退出政壇，婉拒黨內所安排的職務，毫不猶豫加入志工行列。二〇〇八年五月二十日，甫卸任行政院長的他，辭退一切優渥的公職禮遇，包括警察隨扈及汽車和司機，完全回歸平民生活，決心將餘生獻給上帝，成為更生團契在監所的終生志工。

張俊雄的外公鄭德和是彰化基督教醫院創辦人蘭大衛來台灣行醫的第一位助手，他的外曾祖父陳老英，早期也是跟隨同樣遠自英國來台行醫的彼得・安德森習醫。因為這樣的機緣，陳老英和鄭德和繼承了安德森及蘭大衛的醫學技術和基督信仰。從這樣的家世背景去看，就能瞭解張俊雄的選擇和生命軌跡。

張俊雄自二〇〇九年加入更生團契擔任志工以來，死刑犯的教化輔導一直是他首要的工作，但一般社會大眾及被害人家屬，期期不以為然。張俊雄進入監所教化死刑犯的消息披露後，甚至引起親友疑惑不解，他們認為去教化一個罪孽深重的死刑犯來講，就算教化成功也毫無意義。

但張俊雄不氣餒，他舉「神話世界KTV」縱火犯湯銘雄為例，死刑定讞後，受洗為基督徒，自此從「心」改變，真正認罪悔改，並一一寫信向被害者家屬道歉，祈求寬恕。最後也因信仰，湯銘雄度過短暫喜樂的餘生，真正以安心、寧靜的心，不帶著任何憂慮痛苦恐懼離開。張俊雄以不放棄任何一隻羔羊的信念，幫助眾多受刑人走出陰霾，重建心靈生命。

張俊雄把閣揆到終生志工的點滴及心路歷程記載下來，最近將以《擁抱生命》為名發表新書。他這些年的志工生活，可以當成民進黨同志一面清明的鏡子，映照人生除了政治權力之外，也可以讓自己在其他舞台綻放出更璀璨的光芒。

本文摘自《民報》網站
（二〇一四年一月十四日出版）

# 實踐「貴族義務」的張富美

黃木壽

一個人從社會得到越多的財富、地位與聲譽，就會對社會付出更大的責任。這即是西方文明裡所稱之「貴族義務」（Noblesse Oblige），對生長在東方的我們，這是一個相對陌生的詞彙，在生活的實踐中更顯少見到它的蹤跡。

取之社會、用之社會，能力越大，責任越大，即「貴族的義務」，這是一種西方的道德觀念，而特別的是，它在東方世界幾乎不曾存在，更別說在我們的在課本裡被提及。

## 在張富美身上看「貴族義務」精神

現（二〇一五年）任凱達格蘭學校校長及民進黨中央黨部外交政策顧問的張富美校長，一生經歷豐富。曾經擔任北美洲臺灣婦女會首任會長，她在美國舊金山灣區住了二十餘年，因緣際會回到台灣，為這塊土地付出。

認真負責的張校長，從政生涯從國大代表、監察委員、台北市訴願審議委員會主任委員、僑務委員會委員長等職務，一路走來，她清楚知道是做事，不是做官，目的是為了給台灣一個更好的明天，我們在她身上看見了「貴族義務」的精神。

## 讓司機準時下班　自己去趕末班公車

張富美校長的從政經歷，從陳水扁擔任台北市長任內，擔任訴願審議委員會主任委員期間，每日為市民伸張正義，戮力從公。當時她體恤家裡有妻小的司機不必每天陪她加班到深夜，因此讓司機準時下班，自己風塵僕僕趕最後一班公車回家。白天以便當果腹，回家繼續看公文，生活非常忙碌，卻很有成就感。

當時曾經由台北市五十名市政記者票選出最佳市府首長，結果最優秀的是交通局長賀陳旦，第二名是財政局長林全，第三名則來自小單位的張富美，跌破許多人的眼鏡。這份票選結果，至今也是張富美校長引以為傲的成績單。

任職僑務委員會委員長期間，張富美校長更馬不停蹄地跑遍全球五十多個國家，而且大刀闊斧地進行改革，全面建立海外官員調動任期制度。希望在任內和大家一起為台灣打拚。面對繁重的工作，張富美校長則一直秉持「歡喜做，甘願受」的精神。

## 黑熊阿嬤　關愛台灣土地人事物

身為台灣政治史上首位、同時也是目前唯一一位女性僑務委員會委員長的張富美校長，卸職之後，化身為台灣的快樂義工。

目前擔任黑熊協會常務理事，笑稱自己是台灣黑熊阿嬤，在她擔任監委期間，有感於台灣有如此年輕的女性在偏遠蠻荒且危機四伏的山區，孤獨勇敢地從事台灣黑熊的田野調查，簡直不可思議。二〇一〇年一月在屏科大成立「台灣黑熊保育協會」，之後特為有熊媽媽之稱的黃美秀新書《尋熊記》專文推薦，更可看出張富美校長關愛台灣土地上的每一件人、事、物。

張富美校長在台灣雲林縣出生，就讀嘉義女中，臺灣大學法律系畢業後留學美國，取得西北大學法學碩士學位，哈佛大學哲學暨遠東語言學博士。完成學業後的張富美校長在美國史丹福胡佛圖書館工作，一九九二年放棄美國國籍回台，代表民進黨參選國民大會代表並成功當選而且連任一屆。一九九四年應台北市市長陳水扁之邀，擔任台北市政府訴願委員會主任委員，一九九九年，再受李登輝總統提名，當選監察院第三屆監察委員，二〇〇〇年出任僑務委員會委員長一職，至二〇〇八年五月二十日卸任，是台灣任期最長的女性內閣首長。

## 親自聆聽凱校課程　張富美保持全勤

二〇一五年九月二十六日，校長可能也沒留意到中秋佳節連續假期。一早到台北高鐵站，萬萬沒想到，竟然連商務艙的票都賣完。校長當機立斷買了自由席，一路抵達台中烏日站，然後進入台中市政府教室，距離九點上課還有三十分鐘，這是一件令人尊敬並且難忘的事情。處理事情的果斷，對該做的事情的堅持。這就是我們的校長。

她登過台北市七星山，登過合歡東峰，登過石門山。她的足跡烙印在玉山主峰，我因緣際會有幸參加了凱達格蘭學校的課程，發現校長身上散發出一股非常特別的氣質，那就是尋覓許久的貴族義務。凱達格蘭學校的課程，校長從不缺席，親自聆聽，始終保持全勤。這就是我們最尊敬的校長，更是凱達格蘭學校所有學員的學習典範。

她，是所有凱達格蘭學校學員的母親。

她，身上持續綻放土地的愛，台灣的愛。

十月十日是她的生日。

七十七年前的今天，她的生命已經點亮，開始照耀台灣的每個角落。

從來，沒有間斷……

本文摘自《民報文化雜誌》第九期
（二〇一五年十一月一日出版）

# 愛心阿嬤陳樹菊

王志偉

二〇一六年七月，台東縣受到尼伯特颱風狂炸，縣境滿目瘡痍，台東縣民開始了重建之路，這時台東愛心阿嬤陳樹菊默默來到母校仁愛國小關心受災狀況，見校園四處殘破不堪，連她捐建的圖書館招牌都被吹落砸成兩半，陳樹菊難過地說：「沒見過這麼大的風災，望大家相挺助台東。」她捐助一年賣菜所得三十萬元，幫助母校復建！

這就是樹菊阿嬤，超低調，哪裡需要幫忙，便默默伸出援手，有人形容她是一位慈善家，但其實她不怎喜歡這樣的稱呼，陳樹菊總是說：「錢，要給需要的人，要用在有用的地方……」

多年來，陳樹菊共捐出了近一千萬新台幣來作為慈善用途，包括幫助兒童和孤兒，以及建立圖書館等。美國《時代》雜誌和《富比士》雜誌分別將她選入了二〇一〇年最具影響力時代百大人物之「英雄」項目第八位和二〇一〇年亞洲慈善英雄人物第四十八位。二〇一〇年，她獲得了《讀者文摘》頒發的第四屆年度亞洲英雄獎和由教育部部長吳清基頒發的一等教育文化獎章。二〇一二年七月二十五日，菲律賓「麥格塞塞獎基金會」宣布，陳樹菊因長年行善，展現「純粹利他主義」，榮獲二〇一二年六位「麥格塞塞獎」得主之一，獲邀於八月二十五日到菲律賓領獎，後來她也將獎金捐了出去。

## 艱苦生活打擊淬鍊　成就不凡的慷慨

陳樹菊的善行早已傳遍鄉里，曾有作家貼身採訪完成《陳樹菊——不凡的慷慨》一書，書中詳細記載貼身觀察樹菊阿嬤，讓人見識到這位不平凡的市場阿嬤如何平凡地過日子……其實陳樹菊行善的背後有一段刻苦銘心的往事。陳樹菊在就讀台東鎮（今台東市）仁愛國民小學畢業後因為家貧，一家八口都仰賴父親賣菜為生，十三歲那年，母親難產沒有錢繳五千元保證金，無法獲得醫治，雖然經仁愛國小發起樂捐得以住進醫院，但已無法挽回而過世。陳樹菊自小一肩挑起家庭重擔，開始到市場學習賣菜，生活雖困苦，但生活總要過下去。後來二弟、三弟相繼因病、車禍意外不幸病故、死亡。回首坎坷往事，她滿腹心酸，將時間全部投入工作。據她口述，曾經一度非常痛恨社會的現實，為何許多困難都找上了她？後來她皈依台東市海山寺，藉著信仰的力量放下仇恨。

多年賣菜，陳樹菊已經買了房子，但她生活卻仍非常刻苦，每天生活費不到一百元。身為佛教徒的她吃素，平時省吃儉用，卻很樂意捐款。一九九三年，陳樹菊曾捐一百萬元給佛光學院。一九九七年間又捐款一百萬元給母校仁愛國小成立急難救助獎學金，回饋多年前受到的幫助。她自幼失學，又在二〇〇五年又捐了新台幣四百五十萬元給仁愛國小蓋圖書館。十年來，陳樹菊還在基督教「阿尼色弗兒童之家」認養三名孤兒院童，每年捐新台幣三萬六千元，另外又曾捐給阿尼色弗一百萬元。她目前的目標是存一千萬元成立基金會，讓窮人吃飯、看醫生。陳樹菊表示：錢，要給需要的人才有用。

談起五年前獲邀赴美參加《時代雜誌》最具影響力人物晚宴，陳樹菊原本不想去，但馬英九總統特別致電陳樹菊，在電話中表達敬佩，鼓勵赴美領獎。馬英九指示外交部長楊進添由政府出旅費，更要台東縣長黃健庭一定要說服她。告訴她：「因為妳的善行，讓世界看到台灣，妳去美國領獎，為台灣爭光。」

## 視苦猶親　不伸援手　過不了自己內心這關

陳樹菊和平常一樣，清晨就到了菜攤整理賣菜，有慕名者到市場拜訪或拍照，雖然樹菊阿嬤不會拒絕，但她不喜歡經常上鏡頭。今年七月間，尼伯特颱風重創台東學校，台東善心賣菜阿嬤陳樹菊低調現身母校仁愛國小關心災情，她捐贈的「陳樹菊圖書館」，招牌裂開兩大半，學校損失上千萬元，樹菊阿嬤說，她搬來台東五十四年第一次見到這麼大的颱風，幾乎家家戶戶都有災情，「看了心情很不好啦……」，當場捐助三十萬元協助母校復建，陳樹菊也當場透過媒體呼籲大家能協助台東重建，讓人感受樹菊阿嬤的大愛……

已故寶島歌王郭金發因在電視上看到大善人陳樹菊的相關消息，心中有感而發，寫了一首歌〈賣菜阿桑陳樹菊〉送給她：

「賣菜ㄟ阿桑陳樹菊，一生勤儉助貧窮，平凡謙虛善良，自然典範不勉強，美國邀請去領獎，世人敬佩又尊重，奉獻善心真滿足，珍惜青春歸這局，感動世界皆表揚，是咱學習好對象，這款榮耀要沿襲，台灣人人有笑容，台灣人人有笑容，台灣人~人~有~笑~容~。」

陳樹菊最美的善心，應該要流傳下來，讓大家作為一個學習的典範！

本文摘自《民報文化雜誌》第十五期

（二〇一五年十一月一日出版）

# 大將徐傍興——熱心教育、推廣棒運的外科聖手

陳永興、黃國洲

近年來旅美好手王建民、陳偉殷在美國職棒大放異彩，國人無不與有榮焉。台灣棒球之所以蓬勃發展，有位來自屏東的客家子弟居功厥偉，他就是畢生熱愛鄉土、勠力推廣教育事業的一代名醫徐傍興博士。

## 不滿日本舍監欺壓挺身而出被稱「大將」

一九〇九年徐傍興出生於屏東縣內埔鄉，家中獨子，深受父母身教與言教的影響，恪守「誠實、做善事」的家訓。一九二四年內埔公學校畢業，考取高雄州立中學，個性豪邁爽朗的他，經常義助同學繳交學費，看到日本人舍監欺壓台籍學生，挺身而出，因而被稱「大將」。

一九二九年高雄中學畢業後原本想赴日本就讀文科，後來轉而投考臺北醫專，一九三四年醫專畢業後先在台北赤十字醫院實習訓練，一九三八年進入臺大附屬醫院第一外科澤田平

十郎主任門下擔任助手。一九四四年以〈台灣地方性甲狀腺腫瘤疾病之研究〉論文通過東京帝國大學博士學位審查，取得臺北帝國大學醫學部講師資格。也成為當時台灣本島人士第一位外科專科醫師。一九四五年日本戰敗，杜聰明接掌臺大。徐傍興也被任命為臺大醫學院副教授並接任臺大醫院第一外科主任，從此徐傍興展開了戰後初期台灣本土外科人才培育的黃金時代。

## 徐外科規模最大　醫術遠近聞名

徐傍興的外科手術非常有名。曾有「胃切除手術，從切開皮膚到縫合只要四十分鐘」的紀錄，他最專攻的甲狀腺開刀在六十分鐘以內完成，肝、膽、胃、大小腸的開刀也多於八十分鐘內完成。當時想要學習外科的年輕醫師都為他的純熟技術讚佩不已。然而徐傍興不只教導學生外科手術的技巧，他更教育學生關心病人、認真負責、細心體貼病人的醫德。一九五〇年徐傍興辭去臺大外科主任與教授職務，在台北長安西路市政府（今當代藝術館）斜對面開設「徐外科醫院」，乃當時私立最大規模的外科醫院，由於醫術遠近聞名，病人絡繹不絕；一九五四年又興建「高雄徐外科醫院」，一九五七年台北徐外科醫院擴遷至南京西路圓環附近的舊蓬萊閣，此後十五年間，徐外科醫院成為台灣最有名的私人外科連鎖醫院，照顧了無數病患，聲名遠播。

徐傍興開業有成，卻不忘熱心教育工作。一九五四年當杜聰明倡議要興辦高雄醫學院時，徐傍興率先捐出積蓄四十萬元為創校經費，也擔任高醫的創校董事之一，後來也曾義務擔任中山醫專校長十一年之久，將所有的薪水所得全捐給學校圖書館藏書，並主動幫助窮困學生支出學費。一九六〇年他又獨資在家鄉內埔創立屏東美和中學，一九六四年興辦美和護專（美和科技大學前身），對地方子弟教育貢獻良多。

## 組美和中學棒球隊　最為人稱道

徐傍興最為人稱道的是一九七一年組建美和中學棒球隊。當年嘉義七虎少棒隊在美國威廉波特世界少棒賽鎩羽而歸，陣中多名球員因不符蔣宋美齡創辦的華興中學入隊資格（須奪得世界冠軍），恐將中斷棒球生涯之路。

在徐傍興的全力支持及堂弟徐富興醫師的四處奔走之下，美和中學允諾這批球員中學六年學雜費全免，並斥資贊助球隊所有開銷。美和棒球隊成立後隔年，即在台灣首次選拔青少棒國家隊，擊敗華興奪得代表權赴美國蓋瑞參加第十二屆（一九七二年）世界青少棒錦標賽（Senior League Baseball），為我國奪得史上第一座青少棒世界冠軍。江仲豪、楊清瓏、林偕文、蔡榮宗等知名好手均為該屆成員。

兩年後這批選手再上層，入選以美和青棒隊為主體的國家隊，代表台灣首次參加在美國羅德代堡的第七屆世界青棒錦標賽（Big League Baseball），再次奪得第一座青棒世界冠軍。一九七四年我國三級棒球首次奪得三冠王，其中青少棒及青棒的國家代表隊均由美和中學組成。

## 台灣棒史三冠王均可見美和身影

自組隊以來，美和中學是國家代表隊選拔賽的常勝軍：青少棒十七次、青棒十四次；而在國際棒壇的世界大賽也屢屢奪魁：青少棒十一座、青棒九座。台灣棒球史上六次三冠王，每屆均可見到美和中學棒球員的身影。四十餘年，培育的教練及球員可比天上繁星：如名教頭曾紀恩、宋宦勳、李瑞麟、徐生明（均為客籍人士）……，球星李居明、趙士強、呂文生、洪一中、張泰山、彭政閔……（族繁不及備載）。在台灣棒球運動發展史，徐傍興時常和美和棒球隊一同被提及，他推動台灣棒運發展的基礎，功勞確實值得醫界人士與台灣社會給予肯定和追思。值此台灣棒球躍居世界排名第四之際，更加令人懷念這位逝世於三十年前（一九八四）的徐傍興博士在早年的耕耘和奉獻。

本文摘自《民報文化雜誌》第四期
（二〇一五年一月一日出版）

# 楊傳廣——世界上最強的十項鐵人

姜魯（資深體育記者）

楊傳廣是最有資格說這句話的人：「成功靠一〇%的天分和九〇%努力」。因為，創下人類史上男子十項最高分紀錄的他，原本只是跳高單項選手，其它九項，都是靠苦練、苦練、苦練出來的。

楊傳廣，一位熱愛運動的偉大選手，他最在意的，是一個運動員不能吃苦，卻還在看不到成功的那一端時，便斤斤計較自己的利益！他生前曾這樣說：這比要了我命的肝癌更讓我難過。

這是一個大家以為他是天才，其實卻是天才加上百倍苦練，才為台灣贏得榮耀的、被譽為世界上最偉大運動員楊傳廣的故事。

楊傳廣生於一九三三年（日據時代台灣台東廳），為馬蘭部落阿美族人。他是第一個在亞洲運動會十項全能運動項目完成二連霸的選手，獲稱「亞洲鐵人」；他一度保有十項運動九一二一分的世界紀錄（舊制），使 C. K. YANG 的名聲響譽國際，他更是首位入選國際田徑總會「名人堂」的華人；論其在運動場上的成就，不僅是「台灣之光」，更是首開華人世界之先河。

## 楊傳廣與強森／英雄惜英雄　奧運田徑史上最感人的印象之一

楊傳廣未成名前，深受關頌聲（基泰工程司創辦者，一九五〇年代在台灣推動田徑運動，被譽為「台灣田徑之父」）的賞識與資助。一九五四年馬尼拉亞運會，楊傳廣贏得十項全能運動金牌，四年後，他又在東京亞運會完成「二連霸」，從此獲得「亞洲鐵人」稱號。此後，他赴美投入加州大學洛杉磯分校（UCLA）卓奇（Elvin C.Drake）教練門下，與一九五六年墨爾本奧運會銀牌得主拉福．強森（Rafer Johnson）一起練習，兩人也成為終生好友。

楊傳廣真正躍居世界頂尖選手之林是在一九六〇年羅馬奧運會，他僅僅輸給「同門師兄」強森。當時中國大陸尚未參加亞、奧運會，楊傳廣的成就堪稱華人之最。

在羅馬奧運會十項全能比賽中，楊傳廣雖然有七個項目優於拉福．強森，但是鉛球投擲落後太多，使競爭過程呈現拉鋸，直到最後的一千五百公尺登場時仍難分軒輊。徑賽原本應是楊傳廣強項，但強森卯足全力緊追不捨，兩人跑抵終點時，強森累倒在楊傳廣身上，兩人相互扶持的場景，成為攝影機捕捉的焦點。

完賽後，現場甚至有觀眾因為被二人兩日來的競爭所感動而激動高喊：「給他們兩人都拿金牌吧！」楊傳廣最後以五十八分的些微差距落敗，由強森摘下金牌，楊傳廣屈居銀牌。

## 一切攏係命！創下多項世界紀錄　卻仍無緣奧運金牌

楊傳廣的運動生涯於羅馬奧運三年後達到巔峰。一九六三年一月二十六日，他在美國國際田徑邀請賽以十六呎三點二十五吋（四點八四公尺）的成績，打破撐竿跳高世界紀錄，同時以九一二一分刷新十項全能運動世界紀錄，成為十項全能史上打破九〇〇〇分的第一人。

也因為楊傳廣，十項全能運動的計分方式自此改變。原因是，一九六〇年，「亞洲鐵人」楊傳廣在羅馬奧運十項全能競賽飲恨奪銀，但楊傳廣在撐竿跳項目，屢次超越計分上限，迫使國際田總修改計分方式。一九六三年，楊傳廣捲土重來，在美國聖安東尼國際運動會上，又以九一二一分刷新世界紀錄，再度迫使國際田總修改計分方式。

楊傳廣當時的總分依新制已改為八〇〇九分（一九八四年標準：里約奧運資格為八一〇〇分），直至二〇〇一年，捷克十項好手羅曼．謝布勒（Roman Sebrle 在奧地利格齊斯的十項全能中獲得九〇二六分）才再次突破九〇〇〇分關卡。楊傳廣過世後至今，九一二一分成了非常難突破的數字，即使是當代世界紀錄保持者美國的伊頓（Ashton Eaton，二〇一五年創下九〇四五分，一九八四年標準）至目前也無法達到。

## 他是台灣田徑運動史上最偉大傳奇！

一九六四年，楊傳廣參加東京奧運會，賽前是金牌呼聲最高的選手，最終卻只得第五。當時他已三十一歲，體力下滑，且在比賽期間疑似遭人「下藥」，但也有體育界人士認為，楊傳廣的失敗與十項全能計分方式改變有關，而非政治因素。在東京失利後，楊傳廣逐漸淡出體壇，返國後即宣布退休，轉往教練發展。

楊傳廣在任職左營訓練中心教練與總監督時，先後培養出古金水（二〇一六年過世）、李福恩等十項全能好手。一九九七年，他獲頒美國業餘運動協會終身成就獎，一九九九年提出重建亞洲十項王國計畫，二〇〇一年曾因罹患肝癌與肝硬化住進高雄長庚醫院治療，後轉危為安。二〇〇七年一月二十四日在美國加州因中風送醫，老友強森也趕往探望，惟仍於二〇〇七年一月二十七日過世，享年七十三歲。

本文摘自《民報文化雜誌》第十五期
（二〇一六年十一月一日出版）

# 來自花蓮的「十項鐵人」古金水

王志偉

古金水，來自花蓮壽豐鄉，一個曾經在體壇發亮的選手，一九九九年因捲入立榮航空爆炸案，一度遭法院重判，直到更五審才獲判無罪定讞，但官司已纏訟了十二年。心中一顆大石頭終於放下，詎料，卻被診斷發現罹患癌症，與血癌拚鬥兩年，二〇一六年五月終究敵不過病魔摧殘辭世。古金水一生命運多舛，讓人感傷又不捨，「亞洲十項鐵人」封號，將長留在體壇後輩心中……

曾經於一九八三年亞州田徑錦標賽奪下男子十項全能金牌的鐵人古金水，二〇一四年底被診斷罹患血癌，雖經異體骨髓移植後病情一度穩定，但二〇一六年四月因感染肺炎，進入臺大醫院接受插管治療，五月二十一日院方發出病危通知，各界震驚。

古金水當初罹病時，妻子在臉書替他成立「跟病魔奮鬥中的十項鐵人：古金水」粉絲團，讓外界替古金水加油打氣。臺大醫院發布病危通知的那晚，網路上一度傳出古「過世」的訊息，粉絲團也緊急澄清並無此事。總統蔡英文曾探訪，期間「飛躍的羚羊」、希望基金會董事長紀政也在旁陪同。

「十項鐵人」古金水癌末病逝，噩耗傳回花蓮老家親友紛表哀慟，住壽豐鄉光榮村的嬸嬸張玉妹說：「全家都是老實人，但這姪子一生命運坎坷，令人不捨！」與古家熟識多年的壽豐鄉長張懷文說：「惹上官司又纏訟十年，間接導致他身心狀態每況愈下。」古家祖厝已二十多年無人居住，張懷文要向家屬請命在原址設立「古金水文物館」，保存他宅內五十多面獎牌，紀念他傳奇一生。

古金水在花蓮壽豐鄉光榮村長大，從小沉默寡言就愛運動，體育成績從十八歲起發光發亮，連續稱霸五屆區運十項全能金牌、撐竿跳金牌；一九八三年拿下第五屆亞運會十項全能銀牌，一九八五年在亞運會一舉奪金，成為名符其實的「亞洲十項鐵人」！

但一九九九年一場航空意外，改變他的一生，讓他極度消沉好多年。當年八月二十四日，載有九十名乘客的立榮航空公司班機抵達花蓮機場在滑行時爆炸，造成二十八名旅客輕重傷，其中古金水的哥哥古金池不治，李婦的六個月胎兒不保。檢警懷疑古金水託哥哥攜帶易燃物搭乘而導致飛機起火，一、二審分別對他判刑十年和七年半，古金水上訴最高法院，更審在有罪與無罪間徘徊，直到更五審無罪定讞，古金水和家人聽到宣判都激動地落淚。

官司雖還他清白，但卻也因全案纏訟十二年，一度讓鐵人蒙塵，際遇也一路走衰。

嬸嬸張玉妹這樣說，古金水個性靦腆不愛說話，講完話就頭低低悶不吭聲，但人很老實也不會往外跑，當年家中務農生活清苦，他唯一的樂趣就是跑步運動，練出一身好體魄，高中畢業後成績亮眼連續奪金，親族都與有榮焉；豈料後來涉入爆炸案官司纏身，找工作都沒人要，連租屋、吃飯都成問題，張玉妹當年曾向鄉公所尋求古金水的工作機會，但古金水屬意在北部執教，自此搬離花蓮。

與古家比鄰三十年的傅姓鄰居說，古家人都很老實、很低調，他三十年前剛搬來時知道隔壁是大明星很興奮，見面聊天才發現他個性純樸、與世無爭，家有好玩、好吃的都願意和大家分享，再隔幾年傳出涉案就鮮少回鄉，後也將年邁老母接往北部療養，祖厝則交給姪子看顧。

「啊！古金水過世了啊！」一九八四年洛杉磯奧運馬拉松國手、花蓮縣議員陳長明得知十項鐵人古金水病逝，十分感傷，嘆他「一生很辛苦」。

陳長明比古金水年長五歲，兩人多次以田徑選手的身分，共同代表花蓮縣參加區運、全國運動會、國際賽，在田徑場是「老戰友」，他看著古金水不斷攀上顛峰、突破自己的紀錄，也樂於見到原住民新血在體壇發光發熱。

「即使到外國比賽，都是獨來獨往。」陳長明說，古金水個性很沉靜，常「獨自一人靜靜地練習」，平時與隊友的互動很少，即使代表國家外出比賽，大多時間仍是獨自一人或很少說話，「雖然我們都是花蓮人，他還是很少主動找我說話。」

陳長明對古金水的動態很關心，「他不是開朗的人，有事情都不會對外說」。陳長明尊重他的想法，不干擾他；但對於他離開體壇、從事教職，到立榮航空爆炸事件後的動態，都很關心。

陳長明惋惜地說，立榮航空事件後，古金水變得更不與人往來，而好不容易，立榮案獲判無罪，就又生重病，「官司、癌症一直纏著他，一生很辛苦。」

古金水是花蓮縣平和國中第七屆畢業生，平和國中找出一九七七年（民國六六年）的畢業紀念冊，翻出黑白照片中青澀臉龐的古金水。校方說，學校經過多次整建、翻修，許多校史資料都逸散遺失，能找到古金水的相關資料，就剩這本紀念冊。畢業紀念冊內除了大頭照，也找不到任何古金水的生活照。

花蓮縣長對於這位出身花蓮、代表國家的運動選手辭世，深感難過與不捨。壽豐鄉長張懷文表示，希望能與家屬協調成立「古金水文物館」，將歷年得獎獎牌、獎狀捐給文物館，讓體壇一代傳奇的故事能延續下去。

本文摘自《民報文化雜誌》第十四期
（二〇一六年九月一日出版）

# 消失的二二八菁英台灣棒球史第一人——林桂興

姜魯

林桂興（一八九九年十二月三日～一九四七年九月十五日），是台灣第一支原住民棒球隊——高砂棒球隊的創始人。幼時就讀台東公學校，後赴台北就讀國語學校，肄業後返回台東老家，並未返鄉教書，而是直接進入日本實業家梅野清太郎所經營「櫻組」公司，並加入公司所組織「櫻組棒球隊」，在球隊擔任投手，後來因球技表現出色，被公司內調至花蓮「朝日組」上班打球。

他在朝日組打球期間還曾擔任過「主將」，也就是現今的隊長，是台灣棒球歷史獲任棒球隊主將第一人，這在台灣日治時期野球屬於日本人運動的時代，是非常難得的體育成就。

根據湯川充雄所著《臺灣野球史》一書中，有提及在一九三〇年代左右花蓮主要硬式棒球隊伍，以林桂興所效力「朝日」實力最強，在一九二九年五月花蓮港大會及一九三〇年十月花蓮港體協支部所舉辦秋季大會中都拿過冠軍。

根據後來的口述歷史資料也顯示，林桂興的孫子林真功說，他祖父在朝日隊是名投手。從《臺灣野球史》一書中，所刊載「朝日」的球員名單上就有一名「林」選手，是球隊冠軍賽先酸投手兼任第三棒打擊，並在一九三〇年十月花蓮港體協支部所舉辦秋季大會中，以四成四打擊率獲得大會打擊第四名。如這位「林」選手就是林桂興的話，從林桂興一八九九年出生推算，他在一九三〇年秋季大會冠軍賽主投時，已是三十一歲。

林桂興不僅球打得好，籌組的原住民小朋友棒球隊更是名威東瀛。

一九二一年，日本政府花蓮港廳請託他招募一批原住民小孩學習打棒球，共十四名原住民成立了高砂棒球隊，這就是台灣棒球史上第一支由台灣原住民所組成的棒球隊。後來，花蓮港廳將林桂興所召募球員全部安排至花農就讀，並將球隊名稱改名為「能高」。

能高團於一九二三年在花蓮成立，這是台灣第一個全由原住民所組成的棒球隊，成立之初即以棒球實力震驚台灣一九二五年赴日進行友誼交流賽轟動日本，舉國瘋狂，因而受邀到甲子園和一流的學校隊伍比賽，雖不是正規的全國競賽，但絕對是第一個進入甲子園的台灣隊伍。

這支由林桂興率領的花蓮能高團棒球隊，在甲子園第一場就以二十八比〇痛擊豐島師範中學，讓日方震驚不已，立即以聯軍方式應戰，最後這趟邀請賽以四勝四敗一和結束，沒有「輸贏」，但台灣的棒球風氣因而興起，這也成就日本將台灣納入全日本高中棒球隊比賽的區域，西部的嘉農棒球隊「KANO」，才有機會踏上甲子園。

「能高團」是一段比一九三一年嘉農拿下甲子園亞軍還早的台灣棒球歷史故事。雖然，根據史載「能高團」是日治時代第三支至日本進行訪問比賽的台灣棒球隊伍，但是前兩支隊伍全是在台日本人所組棒球隊，「能高團」卻是台灣棒球史上第一批全是台灣原住民遠赴日本的棒球隊伍。

沒有林桂興，就沒有「高砂棒球隊」，更不用談「能高棒球隊」的誕生，林桂興最後不滿國民政府白色恐怖悲壯結束一生。

林桂興的體育天分相當好，不僅在棒球擁有不錯的球技，連高爾夫也是很在行，在日治時代高爾夫是需具有相當經濟能力及社會地位才能享受的貴族運動。林桂興孫子林真功回憶，祖父林桂興曾在高爾夫比賽獲得冠軍，贏得冠軍獎金就在花蓮港附近買地置產。

可惜，一九四七年二二八白色恐怖橫行年代，由於林桂興曾在日據時期擔任官職，因此在二二八事件時遭人構陷被逮捕入獄，被國民政府強抓去關進黑牢，家人變賣家產，甚至向友人借錢才把他從冤獄中贖了出來，林桂興出獄後為了避免白色恐怖波及家人及親友，先將家人安頓至台東避難，最後他選擇以日本武士精神，一九四七年九月十五日在自家柴房切腹自殺了斷生命。

本文摘自《民報文化雜誌》第十四期
（二〇一六年九月一日出版）

# 台灣叚雄土生土長高雄子弟——陳偉殷

黃國洲

七月三十一日深夜，高雄發生不幸事件。台灣旅美棒球好手陳偉殷立刻在他臉書留言：「高雄發生了嚴重的氣爆事件，大家一定要注意安全，希望大家都平安，救災人員也辛苦了。高雄加油。」事隔一日，他在巴爾的摩迎戰西雅圖水手，以超優質的內容拿到他本季第十二勝，也締造他在大聯盟最多的五連勝紀錄。

賽後的休息室，記者群圍著他爭相訪問。臉上不見勝利的喜悅，只看到沉重的表情，陳偉殷向媒體表示：「賽前告訴自己一定要贏，我要把這一勝獻給高雄。」、「看到新聞，心裡真的很難過，那裡是我的故鄉，我好多親人朋友在這個城市，我不知道他們是不是安好。」、「賽前我告訴自己先擺脫掉情緒，只要想著要為台灣贏一場球就好。」

## 世界青棒賽　12K完封韓受矚目

赴日到旅美，投手陳偉殷表現優異，「台灣叚雄」的稱號不脛而走。不過或許很多人不知道，殷仔是土生土長的高雄人，三級棒球的階段不曾離開過高雄。一九八五年七月二十一日出生於仁武，八卦國小少棒啟蒙，畢業後加入仁武國中棒球隊，後來轉學至橋頭國中棒球隊，高職時期成為高苑工商的王牌投手。

二〇〇二年參加國際棒總主辦的世界青棒賽，陳偉殷十二次三振完封韓國，獲頒大會最佳左投獎，紛紛引起美日球探的注目。在旅日好手陳大豐的介紹下，二〇〇四年殷仔與日本中日龍簽約，成為台灣首位以學生身分（國立體育學院）加盟日本職棒的球員。該年三月底職棒開打，中日特別將他登錄在名單，使殷仔成為球團史上最年輕的開幕一軍投手。

雖以優渥條件風光赴日，陳偉殷的職棒之路並非一帆風順。前三年大多待在二軍磨鍊，二〇〇六年底更因手肘開刀，中日將他移出正式名單，改簽育成選手合約，為讓他專心養傷，球團允諾三年內不會與他解約。二〇〇八年傷癒復出的殷仔終於在一軍立足，拿下七勝六敗、防禦率二・九〇的佳績；隔年他更一鳴驚人，二十三次先發五完投四完封，單季一・五四的防禦率是日職三十九年來的最好成績；二〇一〇年勝投突破兩位數，是中日龍的投手三冠王（勝投、防禦率及三振數）。殷仔在東瀛終於發光發熱，與前輩二郭一莊同享盛名。

## 效力中日龍　拿下三冠王發光發熱

一九九五年野茂英雄加盟洛杉磯道奇跨海挑戰大聯盟，在美國掀起「野茂熱」（Nomo

Fever），證明東方人也能在美國職棒闖天下。此後，亞洲球員紛紛向棒球最高殿堂叩關。台灣、韓國球員多以業餘身分加入，由小聯盟循序漸進；日本球員則是先有日職經驗，轉戰美職後直登大聯盟。

二〇〇六至二〇〇七年，效力紐約洋基的旅美投手王建民連續兩季投出十九勝，「台灣之光」在美國「投一休四」，在國內颳起大聯盟旋風。人在異鄉的陳偉殷當然也感受到這股前所未見的棒球狂潮，縱使當初選擇不同的道路，只要在日本投出一片天，有朝也能「殊途同歸」，移籍大聯盟登上全世界的舞台。

連續三年在日職投出佳績，自然吸引不少美職球探的目光，殷仔本人也有信心挑戰更高層級的賽事。二〇一一年初，他前往美國自主訓練，當時已有眾多大聯盟球團向他招手；不過為感念中日龍在他養傷時不離不棄，殷仔決定多留一年來回報球團的多年照顧。

## 加入美職　首季即獲十二勝

二〇一二年一月十日，陳偉殷與巴爾的摩金鶯簽下三年合約，開始締造一連串的台灣棒球新紀錄：首名日職轉戰美職的選手、第一位取得大聯盟複數合約的球員……。當年四月十日在主場初登板迎戰紐約洋基，成為第六位在大聯盟出賽的台灣球員；四月十七日對芝加哥白襪拿到首勝，成為首位在日職及美職皆奪勝的台灣投手。

陳偉殷加入美職首季即獲得十二勝，他不但是猛將也是福星。長期積弱不振的金鶯自一九九七年後已連續十四年不知季後賽滋味，殷仔初來乍到即幫球隊以外卡身分打入決賽，並從強敵洋基手中拿到一場勝投。二〇一三年他因傷缺陣只有七勝，金鶯也無緣進入季後賽。本季巴爾的摩異軍突起，目前坐穩美聯東區王座，居功厥偉的當然是投手輪值圈中最多勝的台灣「菁殷」。

以「一生懸命」為座右銘的陳偉殷，他的成功決非偶然，而是辛勤苦練日積月累而成。球場上的表現充滿鬥志但不失穩健，態度謙和個性卻極為活潑。更難能可貴的是，殷仔在海外揚名立萬之後不忘出身與背景，每年季後返台均積極投入公益事務與回饋台灣基層棒球。

## 把勝投獻給高雄　令人動容

二〇〇九年莫拉克颱風重創南台灣，當時他各捐二十五萬元給長老教會及紅十字會，還回國參加八八風災棒球義賽。此次高雄氣爆事件，他也立刻捐出三十萬元及提供簽名手套義賣，但最令人動容的莫過於八月二日那場「一定要贏」、「獻給高雄」的勝投。

感謝陳偉殷，也感謝高雄這塊土地能孕育出如此優秀的棒球人才。殷仔加油！高雄加油！「殷」「雄」加油！

本文摘自《民報文化雜誌》第二期
（二〇一四年九月一日出版）

# 舉重天使——郭婞淳

姜魯

故事是這樣的。二〇一五年的有一天，羅東聖母醫院來了一通想要捐贈救護車的愛心電話，而打電話的，就是奧運舉重國手郭婞淳的教練。當然，醫院承辦人員很好奇她怎麼會想要選擇聖母醫院付出愛心，這時醫院才得知郭婞淳原來是在這裡出生的「聖母寶寶」這段往事。

這個國家英雄郭婞淳可是羅東聖母醫院出產的「聖母寶寶」，尤其她出生時還是個體重過輕又臍繞頸的「麻煩小嬰孩」，在經過醫生和護理人員的細心醫療和小心呵護後，才終於「倖存」下來的……。

那年，小婞淳和媽媽留在聖母的時間其實很短，只有三天，可是未來彼此牽連著聖母情緣卻多麼綿延久長。

郭婞淳羅東出生，台東長大，她說，會想為社會做點事，跟陳樹菊阿嬤給她很大的啟發有關，「靠賣菜都能幫助那麼多人，我就想，我也要靠自己的能力回饋社會，只希望可以幫助更多人。」接著，郭婞淳說她還有個心願，就是以後能在台東開一家早餐店，「早餐店？」聖母醫院的承辦人聽了郭婞淳的志願後，不禁再重述一次。

## 舉重國手的早餐店夢想

「是啊，是早餐店。希望以後能提供給需要的學弟妹一頓營養早餐，把身體照顧好，才能有更多的練習和學習啊。」郭婞淳這樣說著，聽得醫院的承辦人非常感動，沒想到這位溫暖的年輕國手接著又說：「謝謝醫院當初沒有放棄我，讓我能夠在生命的過程中，學著感恩……」這樣的郭婞淳，你怎能不愛她？

後來，經過聖母醫院的建議，郭婞淳所捐的救護車不在羅東，而是漂過黑水溝，到更遠的、更需要救護車的澎湖離島惠民醫院（編按：與羅東聖母醫院同屬於天主教靈醫會），所以現在在馬公，就經常可見一輛漆有「財團法人天主教澎湖惠民醫院　輔仁大學舉重隊郭婞淳捐贈」字樣的救護車，奔馳在離島大小路上為老人家、為病患們救苦解難著……。

郭婞淳為台灣奪牌之前，長庚醫院專攻運動醫療，也是照顧郭婞淳健康的周文毅醫師，就曾相當全方位地介紹這位勇敢得令他心疼的奧運國手。

周醫師說，擁有阿美族血統的郭婞淳一出生就沒有父親的關愛，母親為了家計在外討生活，把她交由外婆帶大，郭婞淳跟著舅舅、舅媽住在工寮，還曾誤把外婆（阿媽）叫成媽媽，儘管環境不佳，反而讓她更爭氣，學費和生活開銷大多靠獎學金，高中還曾獲得總統教育獎。

## 誤打誤撞練舉重

郭婞淳就讀台東縣豐榮國小時已展現運動天賦，升上寶桑國中後還是田徑隊兼籃球隊，專練短跑，為了增加爆發力，在教練林尚儀的建議下拿起槓鈴練舉重。

升上台東體中後她開始專項練舉重接受教練蒲雅玲指導，璞玉逐漸磨出耀眼的光芒，二〇一〇年四月，抱回烏茲別克塔什干亞洲青少年舉重錦標賽女子五十三公斤級銀牌，開啟了國手生涯。

二〇一〇年八月新加坡青年奧林匹克運動會，郭婞淳為台灣拿下青奧第一面銀牌，二〇一二年倫敦奧運，郭淳成為舉重隊中最年輕女國手，可惜缺乏大賽經驗，在奧運女子五十八公斤級表現失常，以抓舉九十九公斤、挺舉一百二十九公斤、總和二百二十八公斤獲得第八名。

但挫敗卻讓她在逆境中更有鬥志，二〇一三年先在哈薩克亞洲錦標賽奪下五十八公斤級金牌，在羅斯喀山世界大學運動會五十八公斤級，以抓舉一百零四公斤、挺舉一百三十四公斤、總和二百三十八公斤三破大會紀錄奪金。

然後在中國天津東亞運動會，郭婞淳抓舉一百零二公斤、挺舉一百三十五公斤、總和二百三十七公斤獲得金牌，緊接波蘭弗羅茨瓦夫世錦賽，郭婞淳克服舟車勞頓、密集征戰，以抓舉一百零八公斤，挺舉一百三十三公斤、總和二百四十一公斤的佳績封后，世錦賽更是台灣相隔十四年來再度有選手摘金，意義非凡。

## 人生重摔後　重新躍起跳更高

二〇一四年韓國仁川亞運，郭婞淳被寄予厚望摘金，但老天爺似乎要給她一個考驗，二〇一四年五月十二日，教練林敬能一輩子永遠忘不了的日期，當時練習槓片不慎滑落，直接壓在她右大腿上，坐了將近一個月的輪椅，卻也讓她用不同的高度思考人生，開啟新的視野。

五月嚴重受傷，九月又勇敢地站上仁川亞運舉重賽場，雖然最後排名第四，無緣掛上獎牌，但教練林敬能強調，她表現非常好，能比賽已經是個奇蹟。接著整個二〇一五年，郭婞淳只參加三月的全國青年盃舉重錦標賽，傷癒復出後實戰經驗不多，在十一月底在休士頓進行的世界錦標賽，爭取二〇一六年巴西里約熱內盧奧運門票。往後的故事，就是大家所熟知的了。勇敢的郭婞淳，就是以這樣逐步恢復的步伐，二〇一六年在里約奧運場上大放異彩，為台灣爭光、為台東爭光。

本文摘自《民報文化雜誌》第十五期
（二〇一六年十一月一日出版）

民報文化藝術叢書05　PF0340

# 台灣人·台灣事

## ——《民報》人物選集（一）：政治、經濟、社會與體育

**主　　編**／沈聰榮、蘇振明
**作　　者**／民報專欄作者群
**責任編輯**／石書豪、廖啟佑、尹懷君
**圖文排版**／黃莉珊
**封面設計**／吳咏潔

**出版策劃**／獨立作家
**發 行 人**／宋政坤
**法律顧問**／毛國樑　律師
**製作發行**／秀威資訊科技股份有限公司
地址：114 台北市內湖區瑞光路76巷65號1樓
電話：+886-2-2796-3638　傳真：+886-2-2796-1377
服務信箱：service@showwe.com.tw
**展售門市**／國家書店【松江門市】
地址：104 台北市中山區松江路209號1樓
電話：+886-2-2518-0207　傳真：+886-2-2518-0778
**網路訂購**／秀威網路書店：https://store.showwe.tw
國家網路書店：https://www.govbooks.com.tw

**出版日期**／2023年10月　BOD一版　定價360元

|獨立|作家|
Independent Author
**寫自己的故事，唱自己的歌**



讀者回函卡

台灣人.台灣事 : <<民報>>人物選集(一) : 政治、經濟、社會與體育 / 民報專欄作者群作 ; 沈聰榮, 蘇振明主編. -- 一版. -- 臺北市 : 獨立作家, 2023.10

面 ;　公分. -- (民報文化藝術叢書 ; 5)

BOD版

ISBN 978-626-97273-7-7(平裝)

1.CST: 臺灣傳記

783.31　　　　112015006

國家圖書館出版品預行編目